T0126529

LA VÉRITABLE HISTOIRE

Collection
dirigée
par
Jean Malye

DANS LA MÊME COLLECTION

Caligula
Textes réunis et présentés par Jean Malye

Périclès
Textes réunis et présentés par Jean Malye

Alexandre le Grand
Textes réunis et présentés par Jean Malye

Marc Aurèle
Textes réunis et présentés par Paméla Ramos

Alcibiade
Textes réunis et présentés par Claude Dupont

Constantin
Textes réunis et présentés par Pierre Maraval

Les héros spartiates
Textes réunis et présentés par Jean Malye

Le premier empereur de Chine
Textes réunis et présentés par Damien Chaussende

Pompée
Textes réunis et présentés par Claude Dupont

Tibère
Textes réunis et présentés par Christopher Bouix

Hannibal
Textes réunis et présentés par Jean Malye

Julien
Textes réunis et présentés par Paméla Ramos

À PARAÎTRE

Thémistocle

Mithridate

Hérode

Antoine et Cléopâtre

Cicéron

Néron

Jules César

Auguste

LA VÉRITABLE
HISTOIRE
DES GRACQUES

Textes réunis et commentés
par
Christopher Bouix

LES BELLES LETTRES
2012

Pour consulter notre catalogue
et découvrir nos nouveautés
www.lesbelleslettres.com

Les textes en italiques sont de Christopher Bouix et ceux
en romains d'auteurs anciens, excepté pour les annexes.

Les dates s'entendent avant J.-C. sauf cas indiqués.

*Tous droits de traduction, de reproduction et d'adaptation
réservés pour tous les pays.*

© *2012, Société d'édition Les Belles Lettres*
95, boulevard Raspail 75006 Paris.
www.lesbelleslettres.com

ISBN : 978-2-251-04013-4

Nous sommes en 202.

Rome est en guerre depuis une quinzaine d'années contre le général carthaginois Hannibal Barca.

Du côté des Romains, un jeune stratège ambitieux, Publius Scipion. Aux Carthaginois qui demandent une deuxième trêve après en avoir rompu une première, celui-ci déclare : « Préparez-vous à la guerre, puisque vous n'avez pas pu supporter la paix[1]. »

Au mois d'octobre, les deux armées se rencontrent à Zama, en Afrique. Là, le général romain défait l'armée d'Hannibal et met fin, dans une apothéose sanglante, à la Deuxième Guerre punique.

Scipion, âgé de trente-trois ans, apporte à Rome une puissance et un rayonnement sans précédent. Le surnom qu'on lui donne – l'Africain – restera synonyme, pour les générations à venir, de la suprématie romaine sur l'ensemble de la Méditerranée.

À ce moment de l'histoire, la République romaine, qui s'est débarrassée de son ennemi le plus redoutable, semble intouchable.

Nul ne se doute alors que la menace ne viendra pas de l'extérieur, mais de l'intérieur du système. Plus précisément, elle viendra de deux jeunes hommes dont les idées révolutionnaires vont renverser les institutions romaines et bouleverser le cours de l'histoire. Leur nom : Tiberius et Caius Gracchus.

Les deux petits-fils de l'Africain.

---

1. Tite-Live, *Histoire romaine*, 30, 31.

PATRICIENS ET PLÉBÉIENS

177-154

Tiberius et Caius Gracchus sont les enfants de Tiberius Sempronius Gracchus, une figure importante de la scène politique de la première moitié du IIᵉ siècle. Tribun du peuple en 187, consul en 177[1], il est connu dans Rome pour sa politique populaire et pour son opposition au parti aristocratique[2].

Tiberius Sempronius Gracchus, auréolé d'une généreuse ambition et orateur très capable, était, pour toutes ces raisons à la fois, le plus réputé de tous les Romains.

Appien, *Guerres civiles*, 1, 9.

La gens Sempronia, à laquelle appartient le père des Gracques, est l'une des familles les plus importantes et les plus influentes de Rome. Grand amateur de culture grecque, célébré pour sa vertu et pour l'austérité de son comportement, Tiberius Sempronius Gracchus épouse en 176 Cornelia Africana, fille de l'Africain et héritière des Scipions.

Les Gracques étaient fils de Tiberius Sempronius Gracchus qui fut censeur des Romains, deux fois consul, remporta

---

1. Pour une présentation des principales magistratures romaines, cf. Annexe 3, p. 152.
2. S'il n'existe pas, à proprement parler, de partis politiques dans la Rome républicaine, nous pouvons tout de même distinguer deux grands mouvements d'opinion : d'une part les *optimates* (parti aristocratique), défenseurs d'un certain conservatisme politique, et d'autre part les *populares* (parti populaire), hostiles au Sénat et s'appuyant sur la plèbe pour gouverner.

deux triomphes[3] et qui dut plus d'éclat encore au prestige de sa vertu. C'est pourquoi il fut jugé digne d'épouser
Cornelia, fille de Scipion, le vainqueur d'Hannibal, après
la mort du père de Cornelia, dont il n'était pas l'ami, mais
l'adversaire.

Plutarque, *Vie de Tiberius Gracchus*, 1, 1-3.

*Les circonstances du mariage de Tiberius Sempronius Gracchus
et de Cornelia Africana sont mal connues. Si Plutarque estime que
Gracchus épousa la fille de Scipion, de vingt-sept ans sa cadette,
après la mort du grand général, Tite-Live, cédant au démon de
l'anecdote, nous livre une autre version des faits.*

On s'accorde sur le mariage de ce Gracchus et de la fille
cadette de Scipion, l'aînée ayant été donnée, de source sûre,
par son père à Publius Cornelius Nasica ; mais on ne sait
pas si promesse et mariage eurent lieu après la mort de son
père, ou si la vérité réside dans la version suivante : alors
qu'on emmenait en prison Lucius Scipion[4] et qu'aucun de
ses collègues ne lui offrait son aide, Gracchus jura que ses
désaccords avec les Scipions demeuraient ce qu'ils avaient
été, qu'il ne recherchait par son action aucune reconnaissance, mais que ce cachot dans lequel il avait vu l'Africain
mener les rois et les généraux ennemis, il ne tolérait pas
qu'on y menât son frère. Le Sénat, qui se trouvait ce jour-là
dîner au Capitole, se leva et demanda que pendant le
banquet l'Africain promît sa fille à Gracchus. Les rites de
fiançailles ainsi dûment accomplis pendant une solennité
publique, l'Africain dit à son épouse Aemilia, en rentrant
chez lui, qu'il avait fiancé leur cadette. Aemilia, comme

3. Le premier en 178 pour célébrer sa victoire comme préteur
sur les Celtibères ; le second en 175 pour célébrer sa victoire comme
proconsul sur les Sardes.
4. Frère de l'Africain, accusé de corruption et d'avoir détourné
les fonds de l'État romain.

font les femmes, s'indignait de n'avoir pas été consultée
sur leur fille à tous deux, et ajoutait que, l'aurait-il donnée
à Tiberius Sempronius Gracchus, sa mère ne devait pas
être exclue de la décision ; Scipion se réjouit d'un accord
si profond et répondit que c'était précisément à Gracchus
qu'il l'avait fiancée. Voilà ce qu'il fallait signaler à propos
d'un si grand homme, malgré les désaccords entre les
opinions et les sources écrites.

Tite-Live, *Histoire romaine*, 38, 57, 2-8.

L'union de Tiberius Sempronius Gracchus et de Cornelia
Africana marque également le rapprochement de deux ennemis
politiques bien connus.

On connaît bien encore l'exemple que Scipion l'Africain et Tiberius Sempronius Gracchus ont donné en faisant
cesser leur inimitié, puisque le banquet sacré auquel ils
étaient allés assister en se détestant réciproquement les a
vus en revenir unis à la fois par l'amitié et la parenté. En
effet Scipion, non content de suivre l'appel du Sénat et,
au Capitole, au cours du repas consacré à Jupiter, de se
réconcilier avec Gracchus, lui a aussi accordé aussitôt et au
même endroit sa fille Cornelia en mariage.

Valère Maxime, *Faits et dits mémorables*, 4, 2, 3.

Scipion l'Africain et Tiberius Sempronius Gracchus,
hommes remarquables par la grandeur de leurs hauts faits
et par l'éclat de leur carrière politique et de leur vie, furent
souvent en désaccord sur la politique et pour cette raison
ou quelque autre ne furent pas des amis. Alors que cette
inimitié s'était maintenue longtemps et qu'au jour solennel
un repas était offert à Jupiter, comme à cause de ce sacrifice
le Sénat festoyait au Capitole, le hasard fit que les deux
hommes fussent placés côte à côte à la même table. Alors
comme si les dieux immortels, témoins, conduisaient leur

main droit au festin de Jupiter Très Grand Très Bon, ils devinrent soudain de très grands amis. Et ce ne fut pas seulement le début d'une amitié, mais une alliance des familles fut établie en même temps ; car Scipion ayant une fille vierge en âge de se marier, la promit là alors sur-le-champ à Tiberius Sempronius Gracchus qu'il avait éprouvé et choisi au moment où le jugement est le plus éclairé : quand ils étaient ennemis.

Aulu-Gelle, *Nuits attiques*, 12, 8, 1-4.

Malgré les différends politiques qui existent entre les deux familles, l'union de Tiberius Sempronius Gracchus et de Cornelia Africana donnera le jour à douze enfants.

Nés respectivement en 162 et en 154, Tiberius et Caius Gracchus sont élevés au sein d'une famille partagée entre les traditions aristocratiques véhiculées par Cornelia et les idéaux démocratiques de Tiberius Sempronius Gracchus.

Les deux enfants resteront marqués par cette fracture, et ne sauront jamais très bien de quel côté se placer.

UN ENVIRONNEMENT FAMILIAL PRIVILÉGIÉ

154-151

Après avoir reçu un mauvais présage, Tiberius Sempronius Gracchus trouve la mort en 154. Tiberius est âgé de neuf ans, Caius de quelques mois.

Comme on avait capturé des serpents dans sa maison, Tiberius Sempronius Gracchus, le père des Gracques, reçut la réponse qu'il vivrait, lui, si l'on tuait le serpent femelle :
— Non, non, dit-il, tuez le mâle ; Cornelia est jeune et peut encore être mère.
C'était sauver sa femme et servir les intérêts de l'État ; sa mort s'ensuivit bientôt.

Pline l'Ancien, *Histoire naturelle*, 7, 36.

On raconte qu'un jour, Gracchus trouva un couple de serpents sur son lit, et que les devins, ayant observé le prodige, ne permirent ni de les tuer ni de les chasser tous les deux à la fois, et déclarèrent, quant au choix de l'un ou de l'autre, que, si l'on tuait le mâle, cela provoquerait la mort de Tiberius, et la femelle, celle de Cornelia. Tiberius donc, qui aimait sa femme et jugeait que c'était plutôt à lui, le plus âgé, de mourir, alors qu'elle était encore jeune, tua le serpent mâle et lâcha la femelle ; il mourut peu de temps après, en laissant douze enfants qu'il avait eus de Cornelia. Celle-ci assuma la charge des enfants et de la maison, et montra tant de sagesse, de tendresse maternelle et de nobles sentiments qu'il parut que Tiberius avait eu raison de choisir de mourir à la place d'une pareille femme[1].

Plutarque, *Vie de Tiberius Gracchus*, 1, 4-6.

À partir de 154, Cornelia Africana, jeune veuve[2], devient la figure même de la vertu romaine. Cherchant à inculquer à ses enfants le respect des traditions républicaines, elle s'appuie sur sa branche de la famille – la branche des Scipions –, forte de personnalités influentes et bien en vue.

En 151, elle marie sa fille Sempronia à Scipion Émilien, fils de Lucius Aemilius Paullus[3] et petit-fils adoptif de l'Africain.

Durant son veuvage, Cornelia Africana perdit la plupart de ses enfants ; il ne lui resta qu'une de ses filles, qui épousa Scipion Émilien, et deux fils, Tiberius et Caius, qui font le sujet de ce livre, et qu'elle éleva avec tant de soins que nés, de l'avis unanime, les mieux doués de tous les Romains, l'excellence de leur éducation paraît avoir eu une part plus grande encore dans leur vertu que leur nature.

Plutarque, *Vie de Tiberius Gracchus*, 1, 7.

Scipion Émilien s'était fait admirer de tous dès le début à cause de son caractère mieux doué pour les affaires politiques et militaires que celui d'aucun autre homme de sa parenté.

Plutarque, *Vie de Paul-Émile*, 22, 6.

Les Gracques, de par leur environnement familial et l'éducation qu'ils reçoivent, participent, dès leur enfance, à la vie publique romaine. Leur beau-frère, Scipion Émilien, est un homme politique

---

1. L'anecdote est également reprise par Cicéron, *De la divination*, 1, 19.
2. Elle est alors âgée de trente-six ans.
3. Général et homme d'État romain, consul en 182 et 168.

admiré, orateur remarquable[4]*, amateur de culture grecque et ayant su s'entourer des esprits les plus brillants de son époque*[5].

En 168, il accompagnait son père Lucius Aemilius Paullus en Grèce et marquait les esprits par sa témérité au combat, notamment lors de la bataille de Pydna[6].

Scipion Émilien montait le premier à l'assaut. Certes il n'y avait personne dans cette armée qui, par sa noblesse, ses dispositions naturelles ou l'avenir qui l'attendait, méritât plus que lui qu'on ménageât et assurât sa sécurité. Mais à cette époque les jeunes gens les plus brillants cherchaient à agrandir et protéger leur patrie en s'offrant le plus possible aux efforts et aux dangers, estimant qu'il serait honteux pour eux de voir ceux qu'ils surpassaient en mérite les dépasser en valeur. Voilà pourquoi Scipion Émilien, quand les autres évitaient cette mission à cause de ses difficultés, la réclama pour lui.

Valère Maxime, *Faits et dits mémorables*, 3, 2, 6.

Velleius Paterculus fait un portrait élogieux du jeune héros.

Scipion Émilien fut un promoteur et un admirateur des arts libéraux et de toutes les connaissances pourvu d'une culture si raffinée qu'il garda auprès de lui, pendant ses campagnes aussi bien qu'à Rome, des hommes aussi éminents sur le plan de l'esprit que Polybe et Panaetius. Personne n'inséra avec plus de goût que ce Scipion Émilien le loisir au milieu des affaires et ne se fit, aussi bien en temps de guerre qu'en temps de paix, le constant serviteur des arts :

4. Cicéron le déclare doué d'une « véritable éloquence » (*Brutus*, 21).
5. Il était proche, notamment, du poète comique Térence et de l'historien Polybe.
6. Bataille qui mettra fin à la troisième guerre de Macédoine, ayant opposé les armées romaines au roi macédonien Persée. Lucius Aemilius Paullus y gagnera le surnom de Macedonius – le Macédonien.

constamment occupé à combattre ou à s'instruire, il fortifia son corps dans les dangers et son âme dans les études.

Velleius Paterculus, *Histoire romaine*, 1, 13.

Les Gracques vivent leurs premières années dans l'ombre d'un beau-frère qui attire tous les regards et toutes les louanges. Mais tout n'est pas si limpide chez les Scipions.

Sempronia, la femme de Scipion Émilien, n'en était pas aimée à cause de sa laideur et de sa stérilité, et ne l'aimait pas non plus.

Appien, *Guerres civiles*, 1, 20.

Comme toujours à Rome, la vérité se cache derrière le masque. Et les familles les plus glorieuses ne sont pas les moins exemptes de vicissitudes. Ce qui n'apparaît pour l'instant que comme une petite lézarde sur la façade d'un bonheur parfait et d'un mariage savamment calculé ne tardera pas à donner le jour à une haine féroce et destructrice.

Car bientôt, ce seront les Gracques qui feront de l'ombre au glorieux Émilien…

L'ÉDUCATION DES GRACQUES

150-147

Cornelia Africana, la mère des Gracques, met un soin tout particulier dans l'éducation de ses deux fils. Elle veut faire d'eux de grands hommes et les pousse, selon la tradition familiale tant du côté de la gens Sempronia *que des Scipions, à embrasser une carrière politique et une vie publique. Entièrement dévouée à ses enfants, elle ne doute pas de l'éclat dont ils seront un jour parés.*

Une mère de famille campanienne, que recevait Cornelia, lui montrait ses bijoux qui étaient les plus beaux de cette époque. Cornelia la retint en prolongeant l'entretien jusqu'au retour de ses enfants de l'école.

— Voici, dit-elle, mes bijoux, à moi.

Valère Maxime, *Faits et dits mémorables*, 4, 4.

L'éducation reçue par les Gracques est digne des grands hommes que leur mère souhaite faire d'eux. Quintilien, dans son Institution oratoire, *insiste sur le rôle de Cornelia dans l'éducation de ses fils :* « On sait combien Cornelia, écrit-il, dont le langage élégant a passé jusqu'à nous avec ses lettres[1], influa sur l'éloquence des Gracques[2]. » *Rhétorique, morale, politique : l'éducation que dispense Cornelia à ses fils est un modèle du genre.*

Tiberius Gracchus, par les soins de Cornelia, sa mère, reçut de l'instruction dans son enfance et fut formé aux

---

1. On possède deux lettres de Cornelia, adressées à son fils Caius, citées par l'historien latin Cornelius Nepos (100-29 av. J.-C.). L'authenticité de ces lettres est sujette à caution.
2. Quintilien, *Institution oratoire*, 1, 1.

lettres grecques. Il eut toujours d'excellents maîtres venus
de Grèce, entre autres, quand il était déjà dans l'adoles-
cence, Diophanès de Mytilène, l'homme le plus éloquent
de la Grèce à cette époque.

Cicéron, Brutus, 27.

Autrefois, dans chaque famille, le fils, né d'une mère
chaste, était élevé non pas dans la chambre étroite d'une nour-
rice achetée, mais dans le sein et les bras d'une mère, qui faisait
avant tout sa gloire de rester chez elle et d'être l'esclave de ses
enfants. On choisissait en outre une parente un peu âgée ; à ses
vertus éprouvées et sûres, on confiait toute la descendance de
la même maison, et devant elle il n'était permis de rien dire
qui semblât grossier ou de rien faire qui semblât honteux. Et
ce n'était pas seulement les études et les devoirs, mais aussi les
distractions et les jeux de ses enfants que la mère réglait avec
autant de vertu que de pudeur. C'est ainsi, nous apprend l'histoire, que Cornelia a dirigé l'éducation des Gracques. [...]
Par cette discipline et cette sévérité, on voulait que ces âmes
pures, innocentes, que rien de défectueux n'avait encore alté-
rées, se jettent de tout leur cœur sur les arts libéraux, et que,
quelle que fût la carrière vers laquelle les porterait leur goût,
art militaire, science du droit, éloquence, elles s'y donnent
toutes entières et s'en pénètrent complètement[3].

Tacite, Dialogue des orateurs, 28.

3. L'éducation « à la grecque », qui accordait une place prépondérante
à la rhétorique, était très réputée à Rome : « l'enfant apprend d'abord à
lire et à écrire chez le *grammatistês* ; puis il étudie avant tout les poètes
chez le *grammatikos* et parachève ses études chez le *rhêtor* en passant des
exercices préliminaires aux déclamations à partir de thèmes fictifs donnés.
Les études spécialisées jouaient un rôle tout à fait secondaire – même la
philosophie n'était abordée que si le goût de l'individu l'y portait. La
formation était vraiment entièrement orientée vers la maîtrise de la langue
et de la rhétorique » (Wilfried STROH, *La Puissance du discours*, Paris, Les
Belles Lettres, 2010, p. 442). C'est, *grosso modo*, le programme que durent
suivre les frères Gracques (à ceci près qu'on sait qu'ils reçurent une solide
formation philosophique en plus de leur éducation rhétorique).

L'éducation de Cornelia ne tarde pas à porter ses fruits...

Au sortir de l'enfance, Tiberius Gracchus avait déjà une telle réputation qu'on le jugea digne du sacerdoce dit des augures[4], plus à cause de son mérite que de la noblesse de sa naissance.

Plutarque, *Vie de Tiberius Gracchus*, 4, 1.

Peu à peu, les deux frères, qui ne doutent plus de la grandeur de leur destin, commencent à marquer leurs différences de caractère.

De même que la ressemblance des Dioscures[5], dans les statues et les peintures, comporte quelque différence de conformation entre le pugiliste et le coureur, ainsi entre ces jeunes gens qui se ressemblaient tellement par le courage, la tempérance, et aussi la générosité, l'éloquence et la grandeur d'âme, de grandes différences se firent jour et apparurent. [...] Tout d'abord, en ce qui concerne l'aspect du visage, le regard et les gestes, Tiberius était doux et posé, Caius vif et véhément. [...] L'éloquence de Caius était imposante et passionnée jusqu'à l'exagération, celle de Tiberius plus agréable et plus propre à inspirer la pitié. La diction de Tiberius était pure et rigoureusement châtiée ; celle de Caius entraînante et brillante. Quant au régime de vie et à la table, Tiberius était simple et frugal ; Caius, comparé aux autres, était tempérant et austère, mais il différait de son frère par sa hardiesse juvénile et sa tendance à l'excès. [...] Leur caractère différait comme leur langage : l'un était calme et doux, l'autre rude et irascible,

4. Avant d'être institués dans leur charge, les magistrats devaient attendre la prise des auspices. Les prêtres du collège des augures étaient chargés d'interpréter la volonté des dieux lors de cet événement essentiel. On comprend donc que cette charge, à laquelle Tiberius Gracchus accéda probablement en 146, lorsqu'il avait dix-sept ans, ait été particulièrement prisée à Rome.
5. Les jumeaux Castor et Pollux, enfants de Zeus et de Léda, patrons des marins et des athlètes.

au point que souvent, en parlant, il se laissait malgré lui emporter par la colère, haussait le ton, lançait des propos insultants et prononçait des paroles désordonnées.

[...]

Telles étaient à peu près les différences qui existaient entre eux ; mais leur courage en face des ennemis, leur justice envers les subordonnés, leur zèle à exercer les magistratures et leur retenue dans les plaisirs étaient identiques. Tiberius avait neuf ans de plus que son frère ; cet intervalle de temps entre leurs carrières respectives fut surtout ce qui nuisit à leurs entreprises : comme ils n'arrivèrent pas ensemble à l'âge d'homme, ils ne purent mettre en commun leur puissance, qui, si elle avait été exercée par les deux à la fois, aurait été considérable et irrésistible.

Plutarque, *Vie de Tiberius Gracchus*, 2, 1-3, 2.

C'est à l'aîné, Tiberius – le plus calme, le plus tempérant des deux – qu'il revient d'entrer le premier dans la carrière. En 147, il renoue avec le souvenir glorieux de son grand-père Scipion l'Africain et participe, aux côtés de son beau-frère Scipion Émilien, à la Troisième Guerre punique.

TIBERIUS GRACCHUS

162-133

LES PREMIÈRES ARMES :
LE SIÈGE DE CARTHAGE

147-146

La rivalité entre Rome et Carthage remonte à la première moitié du IIIe siècle. Les deux puissances méditerranéennes n'ont eu de cesse, depuis lors, de s'affronter, sur la mer (voir la bataille de Mylae en 260) comme sur la terre (la fameuse bataille de Cannes qui vit le triomphe d'Hannibal en 216). Mais si le génie militaire de Scipion l'Africain, en 202, sembla mettre un frein aux ardeurs guerrières des Carthaginois, la paix ne dura en réalité qu'un temps.

En 149, Rome se décide, après avoir longuement hésité[1], à rompre le traité de paix contracté cinquante-trois ans auparavant et engage la Troisième Guerre punique[2].

Détruire Carthage était une résolution fortement prise depuis longtemps par tous les esprits, et on ne cherchait plus qu'une occasion opportune, qu'un prétexte honorable aux yeux de l'étranger. Car les Romains ont toujours, et avec raison, attaché beaucoup de prix à cette politique. Quand la cause d'une guerre est légitime, dit Démétrius, les victoires paraissent plus belles, les défaites sont

---

1. Carthage constituait en effet une menace toujours vive. Polybe (*Histoires*, 36, 6, 7) rappelle que la cité libyenne était dotée d'un armement conséquent au milieu du IIe siècle, et capable donc d'atteindre Rome.
2. Il s'agit de la dernière phase du conflit entre Rome et Carthage. La Troisième Guerre punique dura de 149 à 146. La Première Guerre punique avait eu lieu entre 264 et 241 ; la Seconde entre 218 et 202. Voir Jean MALYE, *La Véritable Histoire d'Hannibal*, Paris, Les Belles Lettres, 2011.

moins compromettantes : c'est le contraire dès qu'elle est honteuse ou inique. Aussi, les Romains, qui différaient entre eux d'opinion sur l'effet que produirait au-dehors une déclaration de guerre, furent sur le point de renoncer à leur dessein.

Polybe, Histoires, 36, 2, 1-4.

Tiberius Gracchus, impatient de participer à la vie politique de Rome, s'engage dans la guerre contre Carthage comme tribun militaire[3] aux côtés de Scipion Émilien, récemment nommé consul. Nous sommes en 147.

Quant à Tiberius Gracchus, servant en Libye avec le second Scipion, il vécut sous la même tente que son général, mari de sa sœur. Bien vite, il reconnut que la nature d'Émilien était propre à exciter, par beaucoup de grands exemples, le zèle pour la vertu et l'imitation en vue de belles actions ; bien vite aussi, il dépassa en discipline et en bravoure tous les autres jeunes gens. Il monta le premier sur la muraille d'une ville ennemie, à ce que dit Fannius, qui assure y être monté avec lui et avoir eu part à cet exploit. Tant qu'il fut au camp, il jouit de l'affection de tous et, à son départ, y fut regretté.

Plutarque, Vie de Tiberius Gracchus, 4, 5.

L'issue de la Troisième Guerre punique est fatale à Carthage.

Carthage, qui s'étendait sur une circonférence de vingt-trois milles[4], fut assiégée au prix de beaucoup d'efforts et prise par parties : elle le fut d'abord par le légat Mancinus, puis par le consul Scipion Émilien, auquel la

---

3. Officier d'état-major de l'armée romaine. Une légion comprend généralement six tribuns qui la commandent tour à tour.
4. Environ 34 kilomètres.

province d'Afrique avait été donnée en dehors du tirage au sort. Les Carthaginois, ayant construit un nouveau port, parce que le vieux avait été bloqué par Scipion Émilien, et rassemblé secrètement une nombreuse flotte en très peu de temps, essuyèrent un échec dans un combat naval. Le camp de leur chef Hasdrubal, situé près de la place de Néphéris, dans un endroit d'accès difficile, fut lui aussi détruit avec l'armée qui s'y trouvait par Scipion Émilien.

[...]

Dans les derniers moments de la chute de la ville, Hasdrubal était venu se livrer à Scipion ; mais sa femme, qui peu de jours auparavant, n'avait pas obtenu de son mari qu'ils passassent dans le camp du vainqueur, se jeta avec ses deux enfants du haut de la citadelle au milieu des flammes de l'incendie de la ville.

Tite-Live, *Periochae*, 51.

Après plus d'un siècle de guerre acharnée, Carthage est détruite en 146 par Scipion Émilien.

On trouva dans la ville des dépouilles qu'avait rassemblées Carthage à la suite du sac de diverses cités, et Scipion rendit aux cités de Sicile, d'Italie, d'Afrique les ornements des villes qu'elles reconnaissaient comme leurs. Ainsi Carthage fut-elle détruite sept cents ans après sa fondation. Scipion mérita le nom que son aïeul avait reçu : c'est bien évidemment en raison de sa valeur qu'il fut appelé Africain le Jeune.

Eutrope, *Abrégé d'histoire romaine*, 4, 12.

LA GUERRE DE NUMANCE

137-136

Près de dix ans ont passé[1]. La bravoure de Tiberius Gracchus durant la Troisième Guerre punique lui vaut d'être élu questeur en 137[2]. Cette même année, il participe, aux côtés de Mancinus, à la Guerre de Numance[3]. Il est alors âgé de vingt-sept ans.

Après la Troisième Guerre punique, Tiberius Gracchus fut désigné par le sort pour faire campagne avec l'un des consuls, Caius Mancinus, contre les Numantins. Mancinus n'était pas un homme dénué de toute valeur, mais il fut le plus malchanceux des généraux romains.

Plutarque, *Vie de Tiberius Gracchus*, 5, 1.

Si la malchance est du côté romain, c'est aussi sans doute parce que les raisons de la Guerre de Numance sont obscures. « Jamais, écrit Florus, motif de guerre ne fut plus injuste[4]. » De mauvais augures frappent Mancinus juste avant le départ de son armée pour l'Hispanie.

1. Sur ces dix années, durant lesquelles Tiberius Gracchus effectue probablement son service militaire, on ne dispose d'aucun texte.
2. Le questeur militaire a un rôle essentiellement financier. C'est à lui qu'il revient, en temps de guerre, de gérer les questions de trésorerie inhérentes à une armée.
3. Préteur en 140, Mancinus est alors consul (cf. Annexe 4, p. 157) chargé de la gouvernance de l'Hispanie citérieure. Numance, ville appartenant à cette région de l'Espagne, constitue au moment des faits la dernière place forte ibérique s'opposant à la domination romaine.
4. Florus, *Histoire du peuple romain de Romulus à Auguste*, 2, 18.

Mancinus était consul et allait partir en Espagne quand les prodiges suivants eurent lieu. Au moment où, à Lavinium, il voulait accomplir un sacrifice, les poulets qu'on venait de lâcher de leur cage s'enfuirent dans un bois voisin et, malgré la grande application qu'on mit à les chercher, on ne put les retrouver. Au moment où, au Port d'Hercule, qu'il avait atteint à pied, il montait à bord d'un bateau, une voix parvint à ses oreilles sans qu'il y eût personne pour prononcer ces paroles : « Mancinus, reste ! » Effrayé par elle, il fit demi-tour, gagna Gênes et là, il était à peine entré dans une barque qu'un serpent d'une taille extraordinaire se fit voir et disparut.

Valère Maxime, *Faits et dits mémorables*, 1, 6, 7.

Arrivée malgré tout sur place, l'armée romaine fait face à une résistance inattendue.

Les Numantins avaient recueilli les Segidenses, leurs alliés et leurs parents, qui avaient échappé aux mains des Romains. Ils intercédèrent en leur faveur, mais sans aucun succès. Bien qu'ils se fussent soigneusement tenus à l'écart de la contagion de la guerre, on leur ordonna, pour qu'ils pussent bénéficier d'un traité d'alliance en bonne et due forme, de déposer les armes. Cette offre fut accueillie par les barbares comme si on leur demandait de se couper les mains : aussi ne tardèrent-ils pas, sous le commandement d'un homme fort intrépide, Megaravicus, à recourir aux armes.

Florus, *Histoire du peuple romain
de Romulus à Auguste*, 2, 18.

*Rapidement, les rebelles espagnols prennent le dessus et infligent à l'armée romaine une série humiliante de revers. Florus déclare :
« Ils attaquèrent Mancinus, à qui ils infligèrent de si nombreuses*

défaites que personne, dans son armée, ne pouvait supporter les regards ou la voix d'un Numantin[5]. »

Tiberius Gracchus, malgré la déroute et l'incapacité de Mancinus à tenir son armée, participe activement au conflit. Seul à trouver grâce aux yeux des barbares, c'est à lui qu'il incombe de négocier un traité de paix.

Les malheurs imprévus de Mancinus et la Fortune contraire mirent mieux en lumière non seulement l'intelligence et la vaillance de Tiberius, mais encore, ce qui était surprenant, le grand respect et la déférence qu'il gardait à son chef alors que celui-ci, sous le coup du désastre, ne savait même plus bien lui-même s'il était général. Vaincu dans de grandes batailles, Mancinus entreprit de se retirer en quittant son camp de nuit, mais les Numantins s'en étant aperçus prirent aussitôt le camp, puis, tombant sur les fuyards et massacrant les derniers, ils enveloppèrent l'armée tout entière et l'acculèrent dans des endroits difficiles et n'offrant aucune issue. Désespérant de trouver le salut par la force, Mancinus envoya aux ennemis des hérauts pour conclure une trêve et un arrangement. Ils répondirent qu'ils ne se fiaient qu'au seul Tiberius et demandèrent qu'on le leur adressât. La raison de cette attitude se trouvait dans l'estime où ils tenaient ce jeune homme (car on faisait le plus grand cas de lui dans l'armée), et aussi dans le souvenir de son père Tiberius Sempronius, qui, lorsqu'il faisait la guerre en Espagne[6], avait obtenu de nombreuses soumissions et conclu la paix avec les Numantins, puis fait en sorte que le peuple observât toujours ce traité avec une stricte équité. C'est ainsi que Tiberius fut envoyé aux Numantins ; il conféra avec eux, et, les persuadant sur un point, cédant sur un autre, il conclut une trêve qui

5. Florus, *Histoire du peuple romain de Romulus à Auguste*, 2, 18.
6. En 179, alors qu'il était préteur d'Hispanie citérieure.

sauva à l'évidence vingt mille citoyens romains, sans
compter les hommes des services et ceux qui suivaient
hors rang.

Plutarque, *Vie de Tiberius Gracchus*, 5, 2-6.

*Apparaît ici pour la première fois le talent politique et rhétorique
du jeune Tiberius Gracchus. La négociation du traité de paix avec
les Numantins, sauvant la vie de milliers de Romains, prend pour
lui des allures de victoire personnelle.*

Mais sur le chemin vers Rome, un événement imprévu
force le jeune homme à faire demi-tour.

Les Numantins prirent tout ce qui avait été laissé dans
le camp et le pillèrent entièrement. Or, dans le butin se
trouvaient des tablettes qui contenaient les écritures et
les comptes de la gestion de Tiberius comme questeur.
Comme il désirait beaucoup les recouvrer, il quitta l'armée
déjà en marche et retourna à la ville avec trois ou quatre
compagnons. Il fit demander les chefs des Numantins et
les pria de lui rendre ses dossiers, pour éviter de prêter
le flanc aux calomnies de ses adversaires, s'il ne pouvait
se justifier en ce qui concernait son administration. Les
Numantins se réjouirent de cette occasion de lui rendre
service et l'invitèrent à entrer dans la ville. Comme il
restait là à se demander ce qu'il devait faire, ils s'approchè-
rent de lui, lui prirent les mains et le prièrent instamment
de ne plus les regarder comme des ennemis, mais d'en user
avec eux comme avec des amis et d'avoir confiance en eux.
Il se résolut à le faire parce qu'il tenait à ses dossiers et
qu'il craignait d'irriter les Numantins en leur manifestant de la méfiance. Quand il fut entré dans la ville, ils lui
servirent d'abord à déjeuner et insistèrent beaucoup pour
le faire asseoir et manger avec eux, puis ils lui rendirent
ses tablettes et l'engagèrent à prendre ce qu'il voudrait sur
le reste du butin. Il ne prit que l'encens dont il se servait

pour les sacrifices publics, puis il salua amicalement les Numantins et s'en alla.

Plutarque, Vie de Tiberius Gracchus, 6, 1-6.

L'armée romaine est donc défaite et contrainte à ratifier un traité de paix. Tite-Live résume la situation de façon impitoyable.

Mancinus fut à la fois vaincu par les Numantins et dépouillé de son camp, et, alors qu'il n'avait aucun espoir de sauver son armée, il conclut avec eux une paix honteuse que le Sénat interdit de ratifier. Quarante mille Romains avaient été vaincus par quatre mille Numantins.

Tite-Live, Periochae, 55.

Mais à Rome, tout le monde n'est pas d'accord avec ces façons de faire. La défaite de Mancinus est honteuse, et les négociations de Tiberius Gracchus sont perçues comme un signe de faiblesse[7].

Quand Tiberius fut de retour à Rome, toute cette affaire, regardée comme très grave et déshonorante pour la ville, souleva des reproches et des accusations. Mais les parents et les amis des soldats, qui formaient une grande partie du peuple, accoururent autour de Tiberius, rejetant sur le commandant en chef la honte de ce qui s'était passé et proclamant que c'était grâce à Tiberius que tant de citoyens avaient été sauvés. Mais ceux qu'indignait le traité recommandaient que l'on prît exemple sur les ancêtres, qui avaient renvoyé nus aux Samnites les généraux qui avaient trouvé bon d'être relâchés par eux, en leur adjoignant ceux qui avaient mis la main et pris part au traité, tels que questeurs et tribuns militaires ; ils rejetaient ainsi

---

7. Le Sénat a le pouvoir de ratifier ou non n'importe quel traité de paix signé par un magistrat seul au nom de Rome. Si les sénateurs ne reconnaissent pas la légitimité du traité, le magistrat qui en est responsable est, selon la loi, remis à l'ennemi.

sur eux le parjure et la violation des conventions. C'est surtout à cette occasion que le peuple montra son dévouement et son zèle pour Tiberius : il décréta que le consul serait livré nu et enchaîné aux Numantins, mais il épargna tous les autres à cause de Tiberius.

Plutarque, *Vie de Tiberius Gracchus*, 7, 1-4.

Mancinus éprouva une telle humiliation qu'il consentit à se laisser livrer, nu et les mains liées derrière le dos, par les féciaux[8] aux ennemis. Ces derniers refusèrent de le recevoir, comme l'avaient fait jadis les habitants de Caudium, en affirmant que la violation publique de la parole donnée ne devait pas être lavée dans le sang d'un seul homme.

Velleius Paterculus, *Histoire romaine*, 2, 1.

C'est donc le peuple qui sauve Tiberius Gracchus.
Nous sommes en 136. Dès ses vingt-huit ans, Tiberius s'impose comme le défenseur des petites gens et le pourfendeur des vieilles traditions républicaines. En négligeant, pour sauver la vie de milliers d'hommes, l'honneur de Rome, il s'attire les foudres du Sénat et commence à devenir, pour Scipion Émilien, un beau-frère encombrant.
Ce même Scipion Émilien qui sera, en 134, réélu consul...

Il semble que Scipion Émilien, qui était alors le plus grand et le plus puissant des Romains, lui vînt en aide, mais il n'en fut pas moins blâmé pour n'avoir pas sauvé Mancinus ni essayé de faire ratifier le traité conclu avec les Numantins par un homme qui était son parent et son ami, Tiberius.

Plutarque, *Vie de Tiberius Gracchus*, 7, 5.

8. Prêtres chargés des rites relatifs aux relations avec l'étranger : l'ouverture ou la cessation des hostilités, les traités de paix, etc.

L'ENTRÉE EN POLITIQUE :
ALLIÉS ET ENNEMIS

135-133

Le destin politique de Tiberius Gracchus se dessine dans les mois qui font suite à la Guerre de Numance. De retour à Rome, le jeune questeur prend la décision de s'engager dans la vie politique[1]. Bien que bénéficiant du soutien des classes populaires et de Scipion Émilien – l'un des hommes les plus puissants de Rome –, il est sensiblement marqué par la façon dont son traité de paix avec les Numantins a été reçu à Rome.

À Tiberius Gracchus, qui avait participé au traité de Numance comme questeur du consul Mancinus, l'impopularité de ce pacte et la sévère désapprobation du Sénat inspirèrent du ressentiment et de la crainte.

Cicéron, *Sur la réponse des haruspices*, 20, 43.

Tiberius Gracchus, qui avait négocié la convention faite avec les Numantins, loin d'en retirer quelque honneur, comme il l'avait d'abord espéré, fut sur le point de leur être livré : il comprit alors que les choses sont jugées non pas d'après la vérité et la vertu, mais sans règle et sans raison.

Dion Cassius, *Histoire romaine*, fr. 205.

1. Il est alors âgé de vingt-huit ans, et donc éligible au tribunat de la plèbe (cf. Annexe 3, p. 152).

Depuis 142, Tiberius est marié à Claudia Pulchra, la fille d'Appius Claudius Pulcher, rival déclaré de Scipion Émilien et politicien ambitieux[2].

Appius Claudius, personnage consulaire, désigné en raison de son prestige comme prince du Sénat romain[3], surpassait de beaucoup ses contemporains par la hauteur de ses vues. Comme les prêtres prenaient ensemble leur repas, il s'adressa à Tiberius en termes affectueux et lui demanda lui-même d'épouser sa fille. Tiberius accepta avec joie et, l'accord étant ainsi conclu, Appius, en rentrant chez lui, appela aussitôt sa femme dès le seuil de la porte et lui cria à voix forte :

— Antistia, je viens de fiancer notre Claudia.

Surprise, Antistia lui dit :

— Pourquoi cette hâte, pourquoi cette précipitation ? À moins que tu ne lui aies trouvé Tiberius Gracchus pour mari ?

Je n'ignore pas que certains auteurs rapportent cette histoire à Tiberius Sempronius, père des Gracques, et à Scipion l'Africain, mais la plupart la racontent comme nous venons de l'écrire[4].

Plutarque, *Vie de Tiberius Gracchus*, 4, 2-4.

Il est évident qu'Appius Claudius, dont Suétone évoque l'ambition[5], allie sa fille à Tiberius par stratégie. Celui-ci y trouve néanmoins son compte, se voyant intégré aux élites de la classe dirigeante romaine.

2. Appius Claudius Pulcher est censeur en 136. Il avait été consul en 143 (cf. Annexe 4, p. 157).
3. *Princeps senatus.* C'est à lui qu'il appartient de parler le premier lors des délibérations du Sénat.
4. On a en effet déjà croisé la même anecdote au sujet des fiançailles de Cornelia Africana et de Tiberius Sempronius. cf. *supra*, p. 10-11.
5. Suétone, *Vie de Tibère*, 2, 9.

Mais l'épisode de Numance et le traité de paix signé avec les rebelles ne lui ont pas attiré que des amis. Aux rangs de ses détracteurs, on compte désormais un certain Scipion Nasica, son cousin, regardé par le Sénat comme le « plus honnête citoyen de Rome[6] ».

Le consul Scipion Nasica était un homme admiré pour sa vertu et son illustre naissance, car il était de la même origine que les Scipions l'Africain, l'Asiatique et l'Espagnol, ainsi nommés parce que le premier avait soumis la Libye, le second l'Asie, et le troisième l'Espagne. Nasica, outre cette illustre origine, avait pour père et grand-père les citoyens romains les plus célèbres. Tous les deux avaient présidé le Sénat, et conservé jusqu'à leur mort le droit de voter les premiers.

Diodore de Sicile, *Bibliothèque historique*, 33, 34, 1.

Depuis le début de l'ère romaine, le titre de « meilleur des hommes » a été décerné une seule fois par le Sénat sous la foi du serment, en faveur de Scipion Nasica, le même qui subit, sous la toge de candidat, l'humiliation d'un double échec de la part du peuple.

Pline l'Ancien, *Histoire naturelle*, 7, 34.

D'une certaine façon, Scipion Nasica était, politiquement au moins, l'exact opposé de Tiberius Gracchus : aimé du Sénat, détesté du peuple. Les deux hommes, bien que cousins germains, ne pouvaient être qu'ennemis.

Mais Tiberius Gracchus est-il tout à fait dépourvu d'ambition personnelle et n'œuvre-t-il que dans l'intérêt du peuple ? Certains commencent à douter de la sincérité du jeune homme…

6. Tite-Live, *Periochae*, 49.

Avide de monter au premier rang, par n'importe quel
moyen, et se flattant d'y parvenir plutôt avec l'appui du
peuple qu'avec celui du Sénat, il se voua tout entier aux
plébéiens.

                        Dion Cassius, *Histoire romaine*, fr. 205.

L'ITALIE EN CRISE

Une situation économique et démographique complexe

134-133

Tiberius Gracchus entre en politique à un moment crucial de l'histoire romaine. Depuis quelques années, la République fait en effet face à une crise sans précédent, à la fois démographique, militaire et civique. Lors de son passage en Étrurie en 137, le jeune homme est ainsi frappé par la désertion des campagnes romaines[1]. Cet exode rural est en effet l'une des caractéristiques de ce milieu du IIᵉ siècle. Les habitants d'Italie cherchent à gagner Rome, en quête de travail ou de citoyenneté[2].

1. « Son frère Caius a écrit dans un livre que Tiberius, traversant l'Étrurie pour se rendre à Numance et voyant le pays désert, sans autres cultivateurs ou bergers que des esclaves venus d'ailleurs ou des barbares, eut alors pour la première fois l'idée de son entreprise future » (Plutarque, *Vie de Tiberius Gracchus*, 8, 9).
2. Cet exode rural est aussi la conséquence des guerres puniques et du recrutement massif des paysans italiens dans l'armée romaine. « Les petits paysans partis à la guerre pour la première fois hors de leur territoire ne pouvaient plus espérer rentrer à l'automne chez eux pour s'occuper de leurs terres comme c'était le cas lorsque la guerre se déroulait sur le territoire italien. Leurs terres se trouvaient donc à l'abandon et deux cas alors se présentaient : ou bien personne ne s'en occupait et au retour de la guerre, le paysan ne pouvait plus la remettre suffisamment vite en état pour qu'elle le nourrît, ou bien un voisin non appelé avait eu l'idée de la travailler. Mais il lui fallait rembourser cette dette à celui qui avait entretenu son domaine. Parfois même un riche propriétaire voisin avait purement et simplement annexé cette terre et il ne restait qu'à partir pour la ville ou se mettre au service du nouveau propriétaire » (Jean-Noël ROBERT, *La Vie à la campagne dans l'Antiquité romaine*, Paris, Les Belles Lettres, 1985, rééd. 2009, p. 88).

Le Sénat tente tant bien que mal de rétablir le déséquilibre provoqué par cette situation.

Le Sénat fut impressionné aussi par les députations des alliés de droit latin qui, après avoir harcelé et les censeurs et les précédents consuls, furent enfin introduites au Sénat. Pour l'essentiel, leurs plaintes portaient sur le fait que leurs concitoyens recensés à Rome avaient, pour la plupart, émigré à Rome ; si on laissait s'accomplir de tels faits, après quelques années, leurs villes désertes, leurs champs déserts ne pourraient plus fournir le moindre soldat. En outre, les Samnites et les Péligniens se plaignaient de ce que quatre mille familles les eussent quittés pour s'installer à Frégelles : ni les uns ni les autres ne devaient pour autant fournir un nombre moins grand de soldats. Deux procédés de fraude avaient été mis en œuvre par les particuliers pour changer de cité. Une loi permettait aux alliés de nom latin qui laissaient chez eux un fils de devenir citoyens romains. En faisant de cette loi un mauvais usage, les uns faisaient tort aux alliés, les autres, au peuple romain. D'une part, en effet, pour éviter de laisser un fils chez eux, ils le livraient comme esclave à n'importe quel Romain, à la condition qu'il fût libéré et, en tant qu'affranchi, devînt citoyen ; d'autre part, ceux qui n'avaient pas de descendance qu'ils pussent laisser sur place devenaient citoyens romains. Par la suite, faisant fi même de ces caricatures du droit, on accédait pêle-mêle, sans tenir compte de la loi, sans laisser de descendant, à la citoyenneté romaine, en émigrant à Rome et en s'y faisant recenser. Les députés demandaient qu'on mît un terme à ces procédés et qu'on ordonnât aux alliés de revenir dans leur cité ; ensuite, qu'on prît des mesures légales pour empêcher que l'on pût adopter ou aliéner quelqu'un en vue d'un changement de citoyenneté ; que tous ceux qui seraient devenus citoyens romains dans ces conditions fussent privés du droit de cité. Ils obtinrent sur tous ces points gain de cause auprès du Sénat.

Tite-Live, *Histoire romaine*, 41, 8, 6-12.

À cette crise urbaine et démographique – Rome n'est plus assez grande pour accueillir toute la main-d'œuvre qui s'y entasse – s'ajoute une crise monétaire quasiment unique dans l'histoire de la ville. Depuis la fin du IIIe siècle, plusieurs dévaluations monétaires ont renchéri le prix des terres et enrayé la machine économique romaine. Les frappes monétaires se font de plus en plus rares et l'on constate que l'année 133 coïncide avec une phase de dépression marquée par la dépréciation de la monnaie et par une diminution non négligeable des dépenses publiques[3].

Il est indispensable, si l'on veut comprendre le projet de Tiberius Gracchus, de comprendre que celui-ci s'engage dans la vie politique au moment où Rome connaît la crise économique, démographique et sociale la plus importante de son histoire.

*L'une des raisons de cette crise est, justement, la puissance grandissante de la ville. Avec les nouvelles conquêtes, de nouvelles terres sont créées et s'ajoutent au domaine public, constituant l'*ager publicus[4]. *Or, les guerres (et notamment la Deuxième Guerre punique contre Carthage) engrangent inévitablement des dettes[5]. L'État se voit obligé de faire appel aux particuliers pour renflouer ses caisses et, à partir du début du IIe siècle, propose à ses créanciers de les rembourser avec les immenses territoires récemment acquis. La monnaie ayant été, comme nous l'avons vu, fortement dévaluée à la sortie de la guerre, les créanciers acceptent volontiers d'être remboursés en lopins de terre.*

Tite-Live évoque les conditions de cet arrangement.

3. Cf. Henry C. BOREN, « Numismatic Light on the Gracchan Crisis », *American Journal of Philology*, 79, 1958, p. 140-155.

4. Littéralement « territoire public ». Celui-ci était géré par le Sénat.

5. Notamment à cause du ravitaillement de l'armée.

Les consuls s'apprêtaient à partir pour leurs provinces. C'est alors que se présentèrent devant le Sénat de nombreux particuliers, pour lesquels la troisième tranche de remboursement d'un emprunt auquel ils avaient souscrit sous le consulat de Marcus Valerius et de Marcus Claudius venait à échéance cette année-là. Les consuls, en effet, voyant que le Trésor public avait du mal à faire face aux besoins de la nouvelle guerre dont la conduite exigeait d'importantes forces navales et terrestres, leur avaient déclaré qu'il n'y avait pas de quoi les rembourser pour le moment. Le Sénat céda à leur plainte : si, disaient-ils, l'État voulait utiliser aussi pour celle de Macédoine l'argent qu'ils avaient prêté pour la guerre contre Carthage, une guerre engendrant l'autre, cela ne reviendrait-il pas à confisquer leur argent en récompense du service qu'ils avaient rendu, comme si c'était un tort qu'ils avaient causé ? La requête des particuliers était fondée, mais l'État incapable de payer ses dettes ; le Sénat prit donc une décision qui conciliait l'équité et l'efficacité : puisque, à entendre beaucoup d'entre eux, il y avait partout des terres à vendre et qu'ils avaient besoin d'en acheter, on mettait à leur disposition les terres du domaine public situées dans un rayon de cinquante milles[6] autour de Rome ; les consuls feraient évaluer ces terres et les imposeraient un as par arpent pour bien manifester qu'elles étaient du domaine public ; de la sorte, quand l'État pourrait rembourser, le créancier qui préférerait de l'argent à sa terre restituerait celle-ci à l'État.

Les créanciers acceptèrent avec joie cet arrangement. On appela ces terres *trientabulum*, parce qu'elles avaient servi à payer le tiers de la dette publique.

Tite-Live, *Histoire romaine*, 31, 13, 1-9.

---

6. Près de 75 kilomètres.

Ce déséquilibre engendre nécessairement la corruption et les inégalités sociales.

À l'époque où ils soumettaient par la guerre l'Italie région après région, les Romains prenaient une partie de la terre et fondaient des villes ; ou bien ils recrutaient chez eux des colons qu'ils envoyaient dans celles qui existaient déjà. Ils imaginaient ce système pour tenir lieu de garnisons ; mais, pour ce qui était de la terre successivement conquise en vertu du droit de la lance, celle qui était en culture faisait l'objet d'une répartition immédiate entre les colons, à moins qu'elle ne leur fût vendue ou louée ; en revanche, celle qui était alors tombée en friches du fait de la guerre (et c'était précisément la plus abondante), comme ils n'avaient pas le loisir de la lotir, ils l'adjugeaient en attendant à ceux qui consentaient à la mettre en valeur, moyennant une redevance se montant à un dixième pour le produit des cultures et à un cinquième pour les plantations, tandis qu'une redevance déterminée était imposée aux éleveurs sur le gros et le petit bétail. Ils faisaient cela pour favoriser la natalité dans la population italienne, dont ils avaient de leurs yeux constaté la très grande endurance, afin d'avoir des compagnons d'armes qui fussent leurs proches parents. Mais ils aboutirent au résultat contraire. Comme les riches, en effet, s'étaient emparés de la majeure partie de cette terre non répartie, et qu'avec le temps ils acquéraient la certitude que personne ne les ferait plus déguerpir, ils achetaient en usant de persuasion ou prenaient de force les parcelles voisines des leurs et en outre les lopins appartenant aux pauvres, et cultivaient ainsi de grands domaines au lieu de leur *villa*, en utilisant des cultivateurs et des bergers qu'ils avaient achetés à cette fin, pour ne pas avoir à arracher aux travaux des champs les hommes libres astreints au service militaire ; cette possession leur apportait d'ailleurs de gros profits vu le grand nombre d'enfants qu'avaient les esclaves, qui se multipliaient sans risque puisqu'ils n'étaient pas mobilisables. Du fait de ces pratiques, les puissants faisaient d'énormes fortunes et l'engeance servile pullulait dans les campagnes, tandis que les Italiens souffraient de la dépopulation et du manque d'hommes, épuisés qu'ils étaient par la pauvreté, les contributions de guerre et le service militaire. Même quand ces maux leur laissaient un répit, ils restaient désœuvrés, puisque la terre était aux mains des riches et que ceux-ci utilisaient pour la cultiver des esclaves à la place des hommes libres.

Appien, *Guerres civiles*, 1, 7.

On assiste donc, au début du IIe siècle, à la naissance de l'agriculture capitaliste. Le paysan italien cède progressivement la place au grand seigneur romain, souvent sénateur[7], qui fait de sa propriété un latifundium, *c'est-à-dire un domaine sur lequel il emploie un certain nombre d'esclaves. Ce nouveau type d'agriculture s'explique notamment par l'accroissement des villes et les besoins grandissants d'approvisionnement en blé, en huile et en vin[8]. Bien qu'existant toujours, la petite paysannerie se trouve de plus en plus marginalisée.*

Mais la corruption et le mépris de la justice par quelques grands propriétaires terriens menacent peu à peu la stabilité de Rome elle-même.

Cet état de choses inquiétait le peuple, car il pensait que finirait par se tarir cette réserve de compagnons d'armes qu'il tirait de l'Italie, et aussi qu'une telle multitude d'esclaves mettrait son autorité en péril. Mais il n'imaginait pas de correctif, car il n'était ni facile ni entièrement juste, s'agissant de gens si nombreux, possesseurs

---

7. La loi interdisait aux sénateurs de se livrer à des activités commerciales. Ceux-ci accumulaient donc les richesses foncières.

8. Le blé était plus probablement importé de Sicile ou d'Afrique.

depuis longtemps de si grandes propriétés, de plantations, de bâtiments et d'installations leur appartenant en propre. Un jour cependant, non sans difficulté, sur proposition des tribuns de la plèbe, les Romains décidèrent que nul ne devrait occuper plus de cinq cents arpents de cette terre, ni élever sur celle-ci plus de cent têtes de gros bétail et cinq cents de petit. Et ils imposèrent aux propriétaires d'employer à ces travaux un nombre déterminé d'hommes libres qui surveilleraient et feraient connaître ce qui se passerait. Après avoir inclus ces dispositions dans une loi, ils jurèrent d'observer celle-ci et fixèrent des pénalités : ils se figuraient que la terre en surplus serait immédiatement vendue aux pauvres par petits lots. Mais on ne se souciait aucunement ni des lois, ni des serments, et ceux qui donnaient l'impression de s'en soucier partageaient, pour sauver les apparences, leur terre entre les membres de leur famille. Le reste se moquait complètement de la loi.

Appien, *Guerres civiles*, 1, 8.

Dès lors, les pauvres, expulsés de chez eux, cessèrent de se prêter volontiers au service militaire et ne se soucièrent plus d'élever des enfants, de sorte que bientôt l'Italie tout entière s'aperçut qu'elle n'avait plus d'hommes libres qu'en petit nombre, et qu'elle fut remplie de prisonniers barbares, que les riches employaient à cultiver les terres d'où ils avaient chassé les citoyens.

Plutarque, *Vie de Tiberius Gracchus*, 8, 4.

TRIBUN DU PEUPLE

134-133

C'est dans cet environnement politique complexe que Tiberius Gracchus se présente, en 134, aux élections des tribuns du peuple. Les tribuns sont élus au nombre de dix pour défendre les intérêts de la plèbe. Même s'ils ne sont pas considérés comme de véritables magistrats, ils disposent d'un pouvoir considérable, traditionnellement tenu pour être sacré[1]. Le pouvoir des tribuns a, de tout temps, constitué une menace pour le gouvernement et pour la stabilité de l'État[2].

Du fait de la sacralité de leur fonction, les tribuns sont élus par les comices tributes, une assemblée du peuple à laquelle chacun peut prendre part. Mais le grand exode rural de la fin du IIIe siècle qui a créé, comme nous l'avons vu, une véritable surpopulation à Rome, a eu de nombreuses conséquences. Parmi elles, la corruption politique.

Les citadins, en effet, de plus en plus nombreux, de plus en plus pauvres, disposent de droits civiques que les grandes familles, qui cherchent à accéder aux postes à responsabilité, se mettent à monnayer. Les citoyens, dans le besoin, échangent leur vote contre des largitiones[3], distributions gratuites de nourriture et de biens.

---

1. Ils peuvent notamment faire arrêter ou mettre en prison n'importe quel magistrat. Le pouvoir des tribuns est reconnu comme sacro-saint depuis la *lex sacrata* de 495.
2. À propos du pouvoir des tribuns, Cicéron écrit : « sorti de la sédition, il est fait pour provoquer la sédition » (*Des lois*, 3, 8). Florus, quant à lui, déclare : « Toutes les séditions ont eu pour origine et pour cause la puissance des tribuns » (*Histoire du peuple romain de Romulus à Auguste*, 3, 14).
3. Littéralement « libéralités », « générosités ».

L'État romain est donc désormais entre les mains d'une orga-
nisation mafieuse, dirigée par les familles les plus influentes.
Heureusement pour lui, Tiberius Gracchus, pour qui la cause
plébéienne est devenue primordiale, dispose encore du soutien de
Scipion Émilien. Il est élu tribun du peuple pour l'année 133 et
propose aussitôt une loi équitable pour réglementer le partage de
*l'*ager publicus.

La lex Sempronia.

Tiberius Gracchus, auréolé d'une généreuse ambition
et orateur très capable et qui, pour toutes ces raisons à la
fois était très connu de tout le monde, prononça, une fois
tribun, un discours à la gloire du peuple italien, où il expo-
sait que c'étaient d'excellents soldats, parents des Romains,
mais qu'ils allaient petit à petit à leur perte, réduits au
dénuement et à la dépopulation, sans même l'espoir d'une
amélioration. Il exprima d'autre part l'indignation que lui
inspirait l'engeance servile, exempte du service militaire
et toujours déloyale envers ses maîtres ; et il cita à l'appui
de ses dires les malheurs récemment arrivés aux maîtres en
Sicile du fait de leurs esclaves : de ceux-là aussi le nombre
s'était accru à la faveur des travaux agricoles, et la guerre
que les Romains avaient été obligés de mener contre eux
n'avait été ni facile ni courte, mais avait traîné en longueur
et connu des péripéties diverses et dangereuses.

Appien, *Guerres civiles*, 1, 9.

Sous couvert de patriotisme et d'exaltation de la citoyenneté
romaine[4], *la* lex Sempronia *part d'une constatation simple : l'État*
*romain dispose d'un très vaste domaine non utilisé, l'*ager publicus,

4. L'un des objectifs de la *lex Sempronia* est, en augmentant la
population rurale, de fournir à l'armée de plus grandes possibilités de
recrutement. Cf. Appien, *Guerres civiles*, 1, 11 : « Tiberius Gracchus
avait principalement en vue d'augmenter, non l'aisance, mais la
population des citoyens romains. »

*que Tiberius Gracchus propose de mettre au profit de la communauté
des Italiens. Non pas, comme il était d'usage jusqu'alors, à des
anciens soldats ou à des colons[5], mais à des citoyens pauvres.*

Mais la lex Sempronia *met au jour des réalités bien déran-
geantes pour les classes dominantes. En effet, les domaines appartenant de droit à l'État romain, et donc théoriquement disponibles,
avaient été peu à peu accaparés par les représentants des classes
aisées[6].*

*Tiberius Gracchus, en voulant défendre les intérêts du peuple,
révèle la corruption qui s'est emparée de la République romaine.*

Il ne rédigea pas tout seul le texte de la loi, mais prit
conseil auprès des citoyens les plus éminents par leur
mérite et leur renommée. De ce nombre étaient le grand
pontife Crassus[7], le jurisconsulte Mucius Scaevola[8], alors
consul, et le beau-père de Tiberius, Appius Claudius. Il
semble d'ailleurs que jamais loi plus douce ni plus modérée
n'ait été proposée contre tant d'injustice et de cupidité.
En effet ceux qui auraient dû être punis de leur désobéis-
sance et payer une amende en restituant les terres dont ils

---

5. Paysans s'engageant à entretenir les terres de l'État contre une
partie de leur récolte.

6. Il faut distinguer, lorsque l'on évoque la terre chez les Romains,
l'*ager* de la *possessio*. La *possessio*, c'est le droit d'usage et l'usufruit d'un
lieu mais non sa propriété. Iavolenus Priscus, un juriste du Ier siècle
après J.-C., résume la situation : « La *possessio* se différencie de l'*ager*
par le droit de propriété : en effet tout ce que nous prenons mais dont
la propriété ne nous concerne pas et ne peut nous concerner, nous
l'appelons *possessio*. La *possessio* est donc le droit d'usage d'un lieu,
l'*ager* c'est la propriété d'un lieu » (Iavolenus Priscus, *Digeste*, 50,
16). Or peu à peu, les *optimates* avaient illégalement transformé leur
possessio, leur droit d'usage du domaine public, en *ager*, c'est-à-dire
en propriété de ce lieu.

7. Publius Licinius Crassus, ennemi déclaré de Scipion Émilien.
Le grand pontife contrôle tous les autres prêtres de l'État.

8. Publius Mucius Scaevola, consul en 133 (cf. Annexe 4,
p. 157).

jouissaient contrairement aux lois étaient seulement tenus
de sortir, moyennant une indemnité, des domaines injustement acquis et d'y accueillir les citoyens nécessiteux.
Cependant, si accommodante que fût la réforme, le peuple
s'en contenta, oubliant le passé, du moment qu'il cesserait
désormais d'être en butte à l'injustice. Mais les riches et
les propriétaires, hostiles à la loi par cupidité et animés par
la colère et l'entêtement contre le législateur, entreprirent
de détourner le peuple du projet, sous prétexte que Tiberius voulait instituer le partage des terres pour bouleverser
l'État et faire une complète révolution.

Plutarque, *Vie de Tiberius Gracchus*, 9, 1-3.

*Le divorce entre le pouvoir en place et Tiberius Gracchus est
désormais consommé. Mettant au grand jour les inégalités et la
corruption régnante, la* lex Sempronia *divise profondément la
société romaine.*

Tiberius cherchait à remettre en vigueur la loi interdi-
sant à quiconque de posséder plus de cinq cents arpents ;
mais, allant au-delà des anciennes dispositions, il ajouta,
en faveur des enfants des propriétaires, une demi-part
supplémentaire. Des triumvirs élus, exerçant leur fonction
en alternance, d'année en année, répartiraient le demeurant entre les citoyens pauvres.

C'était ce qui gênait le plus les riches qui, à cause des
répartiteurs, ne pouvaient plus comme par le passé se
moquer de la loi ni non plus racheter leurs lots à ceux qui
en obtenaient : prévoyant aussi cette éventualité, Gracchus en interdisait la vente. Faisant cause commune, ils
se lamentaient à tour de rôle et représentaient aux pauvres
gens que c'était dans un passé déjà lointain qu'ils avaient
procédé à des travaux sur leurs terres, à des plantations, à
des constructions ; certains faisaient état du prix demandé
aux voisins et demandaient s'ils allaient perdre aussi cette

somme avec la terre ; quelques-uns du tombeau de leurs
ancêtres élevé sur le domaine et des partages effectués
après des héritages considérés comme paternels ; d'autres
de la dot de leur femme dépensée dans ce but, ou encore
de la terre donnée pour doter leurs filles, tandis que les
créanciers produisaient les créances qu'ils avaient sur celle-
ci. Bref, c'était un concert confus de lamentations indi-
gnées. En écho, les pauvres se plaignaient d'être passés de
l'abondance à la misère la plus complète, et à cause d'elle
d'être privés de descendance, puisqu'ils n'étaient plus en
mesure d'élever des enfants. Et ils énuméraient toutes les
campagnes accomplies pour acquérir ces territoires, ils
s'indignaient devant la perspective d'être frustrés d'un
bien appartenant à tous, et ils reprochaient en même
temps aux riches de remplacer des hommes libres, des
citoyens, des soldats, par des esclaves, engeance sans foi,
toujours hostile et pour cette raison dispensée du service.
Tandis que les uns et les autres se lamentaient et s'accusaient ainsi mutuellement, une foule d'autres gens (qui,
dans les colonies, les municipes ou à d'autres titres encore
étaient concernés par cette terre), saisis de craintes identiques, marchèrent sur Rome et se partagèrent entre les
deux camps. Confiants dans leur nombre, ils s'aigrissaient
et attisaient des disputes innombrables, et ils attendaient
l'examen de la loi avec l'intention, les uns d'empêcher par
tous les moyens son entrée en vigueur les autres de la faire
passer à tout prix. Et l'animosité, s'ajoutant à la misère,
s'empara des uns et des autres : on faisait des préparatifs en
vue d'un affrontement le jour fixé pour le scrutin.

Appien, *Guerres civiles*, 1, 9-10.

Tiberius Gracchus proposait une loi agraire ; elle plaisait au peuple ; elle semblait assurer la situation économique des classes modestes : le parti aristocratique s'y
opposait, parce qu'il y voyait une source de discordes, et

il était convaincu que, les riches évincés des biens qu'ils
détenaient de longue date, la République serait dépouillée
de ses défenseurs.

Cicéron, *Pour Sestius*, 48, 103.

*Une fois la loi proposée, Tiberius Gracchus doit la soumettre au
suffrage, se présentant devant le peuple et exposant son projet[9].*

*Le jeune tribun, doué d'un incontestable talent d'orateur, s'adresse
à la foule en un discours mémorable, chef-d'œuvre de rhétorique,
qui enflamme aussitôt l'opinion populaire.*

Le jour donc où la loi devait être soumise aux suffrages
étant arrivé, il prononça, avant toute chose, un long
discours où étaient développés plusieurs motifs en faveur
de la loi.

Appien, *Guerres civiles*, 1, 11.

Tiberius, luttant pour une belle et juste cause avec une
éloquence qui aurait pu donner des couleurs spécieuses à
des affaires moins nobles, était redoutable et invincible
lorsqu'il se dressait à la tribune entourée par la foule populaire et parlait en faveur des pauvres, disant :
— Même les bêtes sauvages qui vivent en Italie ont
chacune une tanière, un gîte, un refuge, tandis que ceux
qui combattent et meurent pour l'Italie n'ont que l'air
et la lumière, et rien d'autre ; sans maison, sans rési-
dence, ils errent avec leurs enfants et leurs femmes. Et
les généraux en chef mentent aux soldats quand ils les
engagent dans les batailles à repousser les ennemis pour
défendre tombeaux et sanctuaires, car aucun, parmi tant
de Romains, n'a d'autel familial ni de lieu de culte des

9. Le peuple, réuni en *comices*, c'est-à-dire en assemblées, votait
les lois à Rome, après que celles-ci avaient été proposées, placardées
dans les rues de la ville et débattues.

ancêtres ; ils font la guerre et périssent uniquement pour le luxe et l'opulence d'autrui ; ces maîtres du monde, comme on les appelle, n'ont pas même une motte de terre à eux.

Plutarque, *Vie de Tiberius Gracchus*, 9, 4-6.

Il questionna avec insistance l'auditoire :

– N'est-il pas juste de mettre en commun ce qui appartient à la communauté ? Un citoyen n'est-il pas toujours mieux né qu'un esclave ? Un soldat n'est-il pas plus utile qu'un homme incapable de se battre ? L'homme le plus dévoué aux affaires publiques n'est-il pas celui qui y participe ?

Sans poursuivre plus longtemps le parallèle, qu'il jugeait vulgaire, il revenait à la charge, exposant quels espoirs et quelles craintes pouvait nourrir la Patrie : alors que c'était par la guerre que les Romains avaient conquis de vive force un immense territoire et qu'ils pouvaient espérer la possession du reste des terres habitées, ils jouaient pour l'heure le tout pour le tout : ou bien le redressement démographique leur permettrait d'acquérir ce qui leur manquait encore, ou bien ils se verraient enlever par des ennemis même ce qu'ils possédaient présentement en raison de leur faiblesse et de l'envie dont ils étaient l'objet. Exagérant la gloire et la prospérité découlant de la première perspective, le péril et la crainte attachés à la seconde, il invitait les riches à prendre cela en considération et à abandonner volontairement, s'il le fallait, une partie de leurs biens et à faire cadeau de cette terre, en vue des espérances à venir, à ceux qui élevaient des enfants. Il ne fallait pas que, tandis qu'ils ergotaient sur des questions mineures, ils perdissent de vue l'essentiel, d'autant qu'ils étaient suffisamment indemnisés du mal qu'ils s'étaient donné pour la mise en valeur par la possibilité, pour chacun d'eux, d'acquérir gratuitement, à titre exceptionnel, la possession, garantie à perpétuité, de cinq cents arpents, et pour chacun de leurs enfants, s'ils en avaient, celle d'acquérir en plus la moitié de cette superficie.

Appien, *Guerres civiles*, 1, 11.

Ces paroles, inspirées par un grand cœur et prononcées avec une passion vraie, tombaient du haut de la tribune sur le peuple, qu'elles enthousiasmaient et soulevaient, au point qu'aucun des adversaires de Tiberius n'osa lui tenir tête.

Plutarque, *Vie de Tiberius Gracchus*, 10, 1.

La lex Sempronia, *première loi agraire des Gracques, est donc doublement dangereuse : d'abord parce qu'elle se base sur des principes de justice et d'égalité, ensuite parce qu'elle emporte l'adhésion unanime du peuple.*

En 133, de par la conviction d'un seul homme, la République est au bord de la révolution.

Tiberius Gracchus promit le droit de cité à l'Italie entière, promulgua en même temps des lois agraires, alors que tous désiraient ardemment la stabilité, mit tout sens dessus dessous et précipita l'État dans une situation difficile et périlleuse.

Velleius Paterculus, *Histoire romaine*, 2, 2.

Ces lois avaient toutes une apparence d'équité. Quoi de plus juste, en effet, que de faire rentrer la plèbe en possession des biens que lui avaient pris les patriciens, pour éviter au peuple qui avait vaincu les nations et possédait l'univers, de passer sa vie en banni, dépouillé de ses autels et de ses foyers ? Quoi de plus équitable que de faire vivre un peuple sans ressources sur son propre trésor ?

[...]

Mais ces réformes elles-mêmes tournaient à la ruine de l'État et la malheureuse République payait elle-même sa propre destruction. Comment aurait-on pu ramener la plèbe aux champs sans en ruiner les propriétaires, qui faisaient eux-mêmes partie intégrante du peuple et qui, sur les domaines que leur avaient laissés leurs ancêtres, avaient à la longue acquis une sorte de droit de propriété ?

Florus, *Histoire du peuple romain
de Romulus à Auguste*, 2, 1.

En proposant sa loi agraire, Tiberius Gracchus provoque donc un soulèvement populaire exceptionnel. Pourtant, la lex *Sempronia part, au fond, d'un positionnement assez réactionnaire. Tiberius Gracchus s'oppose à l'évolution capitaliste de l'économie rurale et rêve d'un retour à une sorte d' « âge d'or » où chacun cultiverait son petit lopin de terre.*

Ce que le jeune homme a bien compris, c'est que la création de latifundia *par les classes aisées allait participer à la création de domaines de plus en plus vastes, creusant un fossé entre les petits paysans et les grands propriétaires, et allait donc diviser la société romaine de plus en plus nettement entre les riches et les pauvres.*

La lex *Sempronia ne cherchait donc que cela : éviter l'apparition d'une société de lutte des classes.*

LA *LEX SEMPRONIA*

Les tribuns de la plèbe étaient élus au nombre de dix pour la durée d'une année. Seul un tribun pouvait empêcher un autre tribun de faire voter une loi, en faisant usage de son intercessio *(droit de veto). Plutarque déclare : « C'est celui des tribuns qui fait opposition qui l'emporte : tous les autres ne peuvent rien contre le veto d'un seul[1]. »*

Tiberius Gracchus, qui bénéficie d'un soutien populaire inébranlable, a suffisamment confiance en l'équité de sa loi pour ne pas se soucier de cette possible procédure. Les autres tribuns, ne souhaitant pas s'opposer au peuple, ne peuvent qu'adhérer aux propositions de réforme.

Pourtant, effrayé par le chambardement provoqué par la loi agraire et harcelé par les optimates qui craignent de voir aboutir les idées de Tiberius Gracchus, le tribun Marcus Octavius, une vieille connaissance de Tiberius, cède aux pressions qu'exerce le Sénat.

Renonçant à le contredire, les adversaires de Tiberius s'adressèrent à Marcus Octavius, un des tribuns du peuple, jeune homme d'un caractère grave et paisible, ami et familier de Tiberius. Aussi se déroba-t-il d'abord, par égard pour son collègue ; puis, sur les pressantes sollicitations d'un grand nombre de gens puissants, il céda à leur contrainte, s'opposa à Tiberius et fit obstruction à sa loi.

Plutarque, *Vie de Tiberius Gracchus*, 10, 1-2.

---

1. Plutarque, *Vie de Tiberius Gracchus*, 10, 3.

Marcus Octavius avait été circonvenu par les riches pour interposer son veto. Et, comme c'est toujours à Rome celui qui interpose son veto qui emporte la décision, il ordonna au greffier de se taire. Sur le moment, Gracchus accabla son collègue de reproches et ajourna l'assemblée au lendemain ; et, après avoir posté à ses côtés une nombreuse garde du corps avec l'intention de forcer la main à Octavius s'il se montrait réticent, il ordonna au greffier, sur un ton menaçant, de donner au peuple lecture du projet de loi. Le greffier commença la lecture mais, comme Octavius s'y opposait, il se tut.

Appien, Guerres civiles, 1, 12.

Tiberius Gracchus, excédé par cette résistance inattendue, accepte de porter le différend devant le Sénat.

Voyant que les tribuns échangeaient des injures et que le peuple était sérieusement agité, les puissants demandèrent aux tribuns de s'en remettre au Sénat de l'objet de leur dispute. Gracchus, qui pensait sans doute que la loi plairait à tous les gens sensés, saisit la proposition au vol et se précipita jusqu'au siège du Sénat. Mais il y fut outragé comme rarement et regagna en courant le lieu de l'assemblée où il déclara qu'à la prochaine assemblée, il ferait voter sur son projet de loi et sur la magistrature d'Octavius, la question se posant de savoir si un tribun agissant contre les intérêts du peuple devait conserver sa fonction.

Appien, Guerres civiles, 1, 12.

Selon Dion Cassius, ce n'était pas une rivalité idéologique mais une guerre personnelle que se livraient les deux tribuns.

Par une rivalité de famille, Marcus Octavius s'était volontairement fait l'antagoniste de Gracchus : dès lors ils ne gardèrent plus de mesure. Dans cette lutte, chacun cherchant à supplanter son rival plutôt qu'à servir la patrie, ils se portèrent souvent à des actes de violence plus dignes d'un gouvernement despotique que d'un gouvernement démocratique, et ils eurent autant à souffrir que si l'on avait été en guerre, et non en pleine paix. Les citoyens, tantôt combattant l'un contre l'autre, tantôt réunis en groupes séditieux, excitèrent des rixes affligeantes et des combats, non seulement dans les divers quartiers de la ville, mais jusque dans le Sénat et dans l'assemblée du peuple. La loi tribunitienne servait de prétexte ; mais en réalité, chacun faisait tous ses efforts pour ne pas être au-dessous du parti contraire.

Dion Cassius, *Histoire romaine*, fr. 256.

Désavoué par le Sénat – et donc par ses mentors Scipion Émilien et Scipion Nasica –, Tiberius doit faire face seul à la résistance des hautes classes dirigeantes. Il fait alors le choix d'user pleinement de son pouvoir de tribun.

La fonction de tribun de la plèbe, émanant directement du peuple, est considérée comme sacrée à Rome. Le tribun jouit donc de nombreux droits, au nombre desquels le droit de suspendre les autres magistratures et d'interdire l'accès au temple de Saturne, qui abritait le trésor public de l'État (Aerarium). *En bref, puisqu'il peut interdire toute forme d'activité politique ou commerciale, le tribun de la plèbe peut virtuellement immobiliser la ville.*

Et c'est précisément ce que fait Tiberius Gracchus…

Tiberius retira sa loi, qui était pleine d'humanité, et en proposa une autre, plus agréable au peuple et plus énergique envers les coupables, à qui elle enjoignait de sortir sans délai des terres qu'ils avaient acquises en violation des anciennes lois. Il y eut donc presque tous les jours des débats à la tribune entre Octavius et lui, mais, tout en se heurtant avec une ardeur et une opiniâtreté extrêmes, on dit qu'ils ne laissèrent jamais échapper l'un

contre l'autre, sous l'effet de la colère, un mot malson-
nant ni un propos déplacé ; car ce n'est pas seulement,
semble-t-il, dans les transports bachiques, mais encore
dans les rivalités et les emportements qu'un bon naturel
et une sage éducation retiennent et règlent l'esprit.
Voyant qu'Octavius tombait lui-même sous le coup de la
loi, parce qu'il détenait beaucoup de terres du domaine
public, il lui offrit, s'il voulait renoncer à sa contestation,
de lui rembourser le montant de ses pertes sur ses biens
propres, quoique ceux-ci ne fussent pas considérables[2].
Octavius n'accepta pas. Alors Tiberius suspendit par une
ordonnance l'exercice des autres magistratures jusqu'à
ce qu'on eût voté sur la loi. Il mit son sceau personnel
sur le temple de Saturne pour empêcher les questeurs
d'y rien prendre et d'y rien apporter, et il fit proclamer
que ceux des préteurs qui désobéiraient seraient frappés
d'une amende, de sorte que tous les magistrats, effrayés,
cessèrent d'exercer la fonction propre à chacun d'eux. De
leur côté, les propriétaires prirent des habits de deuil et
parcoururent ainsi le Forum avec des mines humiliées et
pitoyables ; ils conspiraient en secret contre Tiberius et
recrutèrent des tueurs pour l'assassiner ; c'est pourquoi,
quant à lui, sans se cacher de personne, il porta sur lui
une de ces armes de brigand qu'on appelle *dolons*[3].

Plutarque, *Vie de Tiberius Gracchus*, 10, 4-9.

Au milieu de ces dissensions, les magistrats ne remplis-
saient plus leur devoir, l'ordre public était bouleversé, l'action de la justice suspendue, le commerce arrêté. Partout

2. Bien entendu, cette remarque est fausse. Issus des plus hautes
classes de l'aristocratie romaine, les Gracques disposent d'une immense
fortune personnelle.

3. Bâton surmonté d'une pointe.

régnaient le trouble et la confusion : Rome conservait le nom de ville ; mais elle ne différait en rien d'un camp.

Dion Cassius, *Histoire romaine*, fr. 256.

Tiberius Gracchus est devenu l'homme à abattre. Il lui faut agir vite et faire voter sa loi agraire au plus tôt. Mais, avant toute chose, il lui faut se débarrasser de Marcus Octavius, qui exerce toujours son intercessio *sur la* lex Sempronia.

Quand le jour du vote fut venu, Tiberius appela le peuple à se prononcer, mais les riches enlevèrent les urnes, et il s'ensuivit une grande confusion. Cependant les partisans de Tiberius étaient assez nombreux pour avoir raison des opposants par la force et ils se groupaient dans cette intention, lorsque Manlius et Fulvius, personnages consulaires, se jetèrent aux genoux de Tiberius, lui prirent les mains, et le supplièrent en pleurant de s'arrêter. Et lui, comprenant que ce qui allait se passer deviendrait vite très grave, et par déférence pour ces deux hommes, il leur demanda ce qu'ils voulaient qu'il fît. Ils répondirent qu'ils n'étaient pas compétents pour le conseiller dans une affaire si importante, et en le priant avec insistance, le persuadèrent d'en référer au Sénat. Le Sénat s'assembla donc, mais il n'aboutit à rien, parce que les riches y étaient influents. Alors Tiberius eut recours à un acte illégal et violent, qui consistait à déposer Octavius de sa charge, car il ne voyait plus d'autre moyen de faire voter la loi. Et tout d'abord il conjura publiquement Octavius, avec des paroles pleines de bonté et en lui prenant les mains, de céder et d'accorder cette grâce au peuple, qui ne demandait rien que de juste et ne recevrait qu'un mince dédommagement en échange de si grands travaux et de si grands dangers. Octavius rejetant cette requête, Tiberius déclara :

— Puisqu'il est impossible que deux magistrats d'égal pouvoir, en désaccord sur d'importantes affaires, terminent sans guerre le temps de leurs fonctions, je ne vois qu'un seul remède à cette situation : c'est de retirer sa charge à l'un d'eux.

Et en conséquence il demanda à Octavius de faire voter le peuple sur lui-même, Tiberius, le premier, disant qu'il descendrait aussitôt de la tribune pour redevenir un simple citoyen, si le peuple en décidait ainsi. Octavius refusant, il dit qu'il ferait voter le peuple sur lui, si, après réflexion, il ne changeait pas d'avis.

Là-dessus, il congédia l'assemblée. Le lendemain, le peuple s'étant à nouveau réuni, il monta à la tribune et essaya encore une fois de persuader Octavius. Celui-ci demeurant inflexible, il proposa une loi qui lui ôtait le tribunat, et il appela aussitôt les citoyens à voter. Sur les trente-cinq tribus, dix-sept avaient déjà approuvé la proposition, et il suffisait du vote d'une seule de plus pour qu'Octavius redevînt un simple particulier. Tiberius fit alors suspendre les opérations et se remit à implorer Octavius ; il le serrait dans ses bras et lui donnait des baisers sous les yeux du peuple, en le suppliant, en le conjurant de ne pas se laisser imposer à lui-même une telle humiliation et de ne pas le charger, lui, Tiberius, de la responsabilité d'une mesure si pénible et si mortifiante. On dit qu'Octavius ne resta pas tout à fait impassible et insensible à ces prières, que ses yeux se remplirent de larmes et qu'il garda longtemps le silence ; mais, ses regards s'étant portés du côté des riches et des propriétaires qui s'étaient groupés, il parut avoir honte et, craignant d'être décrié par eux, il s'exposa au pire, non sans noblesse, en disant à Tiberius :

– Fais ce qui te semble bon.

Plutarque, *Vie de Tiberius Gracchus*, 11, 1-4.

Marcus Octavius écarté, rien ne s'oppose désormais à la loi agraire.

La loi fut donc ratifiée, et Tiberius ordonna à l'un de ses affranchis d'arracher Octavius de la tribune (il employait ses propres affranchis comme appariteurs), ce qui rendit plus pitoyable encore le spectacle d'Octavius entraîné de force. Le peuple s'élança sur lui, mais les riches accoururent et étendirent les bras pour le protéger ; Octavius ne fut sauvé et arraché à la foule qu'à grand-peine. Un esclave fidèle qui s'était placé devant lui pour le couvrir eut les yeux crevés, en dépit de Tiberius qui, dès qu'il se fut aperçu de ce qui se passait, était descendu en hâte de la tribune pour arrêter la bagarre.

Plutarque, *Vie de Tiberius Gracchus*, 12, 5-6.

Quintus Mummius est élu pour remplacer Octavius et la loi agraire sanctionnée.

Les premiers triumvirs chargés de répartir la terre avaient été élus : c'étaient Tiberius Gracchus lui-même, l'auteur de la loi, son frère, Caius Gracchus, et Appius Claudius, qui avait donné sa fille en mariage à l'auteur de la loi. Car le peuple redoutait fort que la loi fût sans effet, sauf si Gracchus et toute sa parenté inauguraient la procédure. Tiberius Gracchus, qui se pavanait après le vote de sa loi, fut reconduit jusqu'à sa demeure par un cortège populaire, comme s'il était le fondateur non point d'une seule cité ou d'une seule nation, mais de tous les peuples de l'Italie. Après quoi les vainqueurs regagnèrent les campagnes, d'où ils étaient venus pour cette affaire, tandis que les vaincus, qui supportaient mal leur défaite, demeuraient encore en ville et faisaient courir le bruit que, sitôt redevenu simple citoyen, Tiberius Gracchus aurait à se repentir d'avoir fait violence à une magistrature sacrée et inviolable et d'avoir inoculé à l'Italie un tel germe de discorde.

Appien, *Guerres civiles*, 1, 13.

La promulgation de la loi agraire, malgré l'opposition vive du Sénat et les nombreuses menaces dont il est l'objet, fait de Tiberius Gracchus l'ennemi personnel d'un certain nombre d'hommes haut placés. Parmi eux, Scipion Émilien et Scipion Nasica, qui s'opposent désormais ouvertement aux idées de leur cousin. Nasica, écrit Valère Maxime, « ne supporta pas que l'État pris à la gorge par la main criminelle de Tiberius Gracchus soit étranglé[4] ».

La guerre est déclarée, non seulement à l'intérieur du système politique romain, mais à l'intérieur de la famille la plus puissante de la ville : celle des Scipions.

_____

4. Valère Maxime, *Faits et dits mémorables*, 5, 4, 2.

L'ENNEMI DU SÉNAT

Mars-avril 133

*Nous avons vu jusqu'à présent en Tiberius Gracchus un réfor-
mateur des structures politiques romaines, œuvrant pour la cause
du peuple et bouleversant les institutions de la République. Il
convient toutefois de nuancer cet aspect révolutionnaire et, afin de
ne pas tomber dans les anachronismes, de replacer la loi agraire et
les agissements du jeune tribun dans leur contexte.*

*Au fond, le projet de loi de Tiberius Gracchus n'est pas si
novateur. Depuis la fin de la monarchie, l'idéal romain a défendu
la cause du peuple contre les grandes injustices de la politique[1].
Mais c'est un projet qui arrive au moment d'une crise globale de
l'économie et de la politique romaines. Au moment, donc, où le
peuple se met à douter de ses institutions. Ce qui choque le Sénat
dans la démarche de Tiberius, ce n'est pas tant le contenu de sa
loi — même si celle-ci provoque un indéniable embarras parmi les
optimates — que la façon dont ce dernier utilise sa magistrature.
Utiliser sa fonction à des fins personnelles par la fermeture du temple
de Saturne, par la destitution d'un autre tribun, etc. : toutes ces
actions participent à désacraliser la fonction de tribun de la plèbe.*

---

1. Les notions d'*humanitas* et d'équité sont au centre de la tradition
stoïcienne romaine. Plutarque rappelle d'ailleurs l'importance de ce
stoïcisme dans la pensée de Tiberius Gracchus, le rattachant à une
tradition bien établie à Rome : « Tiberius, nommé tribun du peuple,
reprit aussitôt cette tâche [la loi agraire] avec ardeur, à l'instigation,
disent la plupart des historiens, du rhéteur Diophanès et du philosophe Blossius. Diophanès était un exilé de Mytilène ; Blossius était
d'Italie même : il était né à Cumes, mais il avait été lié à Rome avec
Antipatros de Tarse, qui lui avait fait l'honneur de lui dédier plusieurs
traités philosophiques » (*Vie de Tiberius Gracchus*, 8, 6).

*L'aristocratie conservatrice ne supporte pas qu'un jeune homme
s'amuse ainsi avec une institution séculaire.*

*On se demande également dans quelle mesure l'action politique
de Tiberius est désintéressée. Le Sénat craint que le tribun ne soit
plus attiré par un pouvoir personnel et absolu que par la cause du
peuple et les grands idéaux qu'il défend.*

Tiberius fit alors élire, à la place d'Octavius, non pas
un personnage en vue, mais un certain Mucius[2], son client.
Indignés de tout cela et redoutant l'accroissement de la
puissance de Tiberius, les nobles le traitèrent outrageu-
sement au Sénat : comme il demandait qu'on lui fournît
aux frais de l'État, suivant l'usage, une tente qu'il aurait
à sa disposition lors de la distribution des terres, on la lui
refusa, alors qu'on l'avait souvent accordée à d'autres pour
des missions moins importantes, et on lui alloua pour ses
dépenses neuf oboles par jour, sur la proposition de Scipion
Nasica, qui s'abandonnait sans retenue à sa haine contre
Tiberius, parce qu'il possédait beaucoup de terres publiques
et qu'il supportait mal d'être obligé d'en sortir. Cependant le peuple s'enflammait encore davantage. Un ami
de Tiberius était mort subitement et des taches suspectes
étaient apparues sur son cadavre ; les gens se précipitèrent
en criant qu'il avait été empoisonné et s'assemblèrent pour
ses obsèques ; ils portèrent le lit funèbre et assistèrent à la
sépulture. Et ce n'était pas sans raison, semble-t-il, qu'ils
soupçonnaient un empoisonnement, car le corps éclata,
et il en jaillit une si grande quantité d'humeurs fétides
qu'elles éteignirent la flamme ; on en approcha une autre,
qui ne brûla pas davantage avant qu'on eût transféré le
corps à un autre endroit, et ce ne fut qu'à grand-peine et

2. Plutarque contredit ici Appien, chez qui le remplaçant de
Marcus Octavius se nomme Quintus Mummius (cf. *infra*, p. 71). Un
autre historien, Orose, donne le nom de Minucius (*Histoire contre les
païens*, 5, 8, 3).

après beaucoup d'efforts qu'on put enfin faire prendre le feu. Pour exciter encore plus la foule à cet égard, Tiberius revêtit ses habits de deuil, et, amenant ses enfants au Forum, il demanda au peuple de veiller sur eux et sur leur mère, comme s'il désespérait lui-même de son salut.

Plutarque, *Vie de Tiberius Gracchus*, 13, 2-6.

Meurtres et corruption au sommet de l'État… Malgré les menaces, Tiberius Gracchus poursuit sa réforme et, bénéficiant toujours d'un soutien populaire dont il sait jouer, élabore de nouveaux projets.

Attale Philomètor étant mort, Eudème de Pergame apporta un testament qui instituait comme héritier du roi le peuple romain[3]. Aussitôt Tiberius proposa en faveur du peuple une loi stipulant que l'argent du roi qui était apporté serait distribué aux citoyens à qui le sort avait fait attribuer des terres, pour leurs premiers frais d'installation et de culture du sol ; quant aux villes qui faisaient partie du royaume d'Attale, il déclara que le Sénat n'avait pas le droit d'en délibérer et qu'il en référerait lui-même au peuple[4]. Cette attitude blessa le Sénat au plus haut point, et Pompeius[5] se leva pour dire qu'étant voisin de Tiberius,

---

3. Attale Philomètor, mort en 133, était roi de Pergame. Le royaume de Pergame était immensément riche en raison, notamment, des mines d'argent qui s'y trouvaient.
4. Une telle mesure permettrait donc à Tiberius Gracchus de financer la *lex Sempronia*. Tite-Live évoque, à ce sujet, la cupidité des plébéiens, qui avait été enflammée par les promesses de Gracchus : « Puis comme il n'y avait pas assez de terres pour qu'on pût faire un partage qui satisfît même les plébéiens, dont la cupidité était excitée outre mesure, il annonce qu'il va promulguer une loi pour distribuer l'argent provenant du roi Attale à tous ceux qui, d'après la loi Sempronia, devaient recevoir des terres » (*Periochae*, 58).
5. Quintus Pompeius Rufus, consul en 141 (cf. Annexe 4, p. 157).

il savait qu'Eudème de Pergame lui avait fait don de la pourpre et du diadème royaux, comme s'il devait régner sur Rome. Puis Quintus Metellus[6] s'en prit à Tiberius en ces termes :

— Lorsque ton père était censeur, chaque fois qu'il rentrait chez lui après dîner, les citoyens éteignaient leurs lumières, pour qu'il ne vît pas qu'ils prolongeaient outre mesure leurs festins et leurs beuveries ; toi, au contraire, tu te fais éclairer la nuit par les gueux les plus impudents[7] !

Titus Annius[8], homme qui n'était ni juste ni sage, mais qui passait pour imbattable dans les discussions menées par questions et réponses, mit Tiberius au défi de prouver qu'il avait agi selon les lois en destituant son collègue, qui était sacré et inviolable. Il y eut un grand tumulte ; Tiberius bondit, assembla le peuple et donna l'ordre d'amener Annius, qu'il voulait mettre en accusation. Annius, qui lui était très inférieur en éloquence et en réputation, eut recours à sa subtilité habituelle et le pria de répondre avant le débat à quelques petites questions. Tiberius lui permettant de l'interroger, le silence se fit, et Annius dit :

— Si tu veux m'enlever mes droits de citoyen et me déshonorer, et si, moi, j'en appelle à un de tes collègues, que celui-ci se lève pour me venir en aide, et que tu te mettes en colère, le priveras-tu de sa charge ?

On dit que cette demande embarrassa Tiberius au point que lui qui, plus qu'aucun autre, avait la parole facile et était résolu et hardi, il garda le silence.

Plutarque, *Vie de Tiberius Gracchus*, 14, 1-9.

6. Quintus Caecilius Metellus Macedonius, censeur en 131 (cf. Annexe 4, p. 157).

7. Il s'agit de la garde rapprochée de Tiberius, qui se sait menacé.

8. Titus Annius Luscus, consul en 153.

Ce sont donc bien la destitution de Marcus Octavius et le non-respect de la fonction sacrée de tribun qui sont reprochés à Tiberius.

Tiberius sentant que la déposition d'Octavius était celui de ses actes politiques qui avait le plus heurté, non seulement les notables, mais aussi le peuple (parce qu'il semblait avoir outragé et réduit à rien la puissance tribunitienne maintenue jusqu'à ce jour-là dans sa grandeur et son éclat), il fit un long discours au peuple. Il n'est pas hors de propos de citer quelques-uns de ses arguments pour donner une idée de la force persuasive de son éloquence :

« Le tribun, disait-il, est sacré et inviolable, parce qu'il est consacré au peuple et le défend. Si donc, ayant changé de conduite, il lèse le peuple, amoindrit sa puissance et l'empêche de voter, il se prive lui-même de sa charge en ne faisant pas ce pour quoi il l'a reçue. Il faudra le laisser, étant tribun, saper le Capitole et incendier l'arsenal : s'il agit ainsi, certes, il est un mauvais tribun, mais, s'il détruit l'autorité du peuple, il n'est plus tribun du tout. Comment ne serait-il pas exorbitant qu'un tribun puisse arrêter un consul et que le peuple ne puisse ôter au tribun sa fonction, quand il en use contre celui qui la lui a confiée ? Car c'est le peuple qui choisit également le consul et le tribun. La royauté concentrait en elle tous les pouvoirs et elle était consacrée à la divinité par les plus grandes cérémonies du culte, et pourtant la ville chassa Tarquin à cause de ses crimes[9], et ce pouvoir traditionnel, auquel Rome avait dû d'être fondée, fut aboli à cause de l'injustice d'un seul homme. Qu'y a-t-il dans Rome d'aussi saint et d'aussi vénérable que les vierges qui entretiennent et gardent le feu perpétuel ? Et pourtant, si l'une d'elles vient à faillir, elle est enterrée vivante, car, en offensant

___

9. Tarquin le Superbe, dernier roi de Rome, chassé de la ville par Brutus en 509.

les dieux, elle perd l'inviolabilité qui est la sienne à cause du peuple, puisqu'elle tente alors de détruire la puissance dont elle tire la sienne. Et si c'est à juste titre qu'il tient son tribunat de la majorité du vote des tribus, comment n'en serait-il pas dépouillé plus justement encore par l'unanimité des suffrages ? Rien n'est si saint et inviolable que les ex-voto offerts aux dieux, et cependant personne n'a jamais empêché le peuple d'en disposer, de les faire bouger et de les transférer à sa guise ; il lui était donc permis de transférer le tribunat à un autre, comme s'il s'agissait d'un ex-voto. Ce qui prouve clairement que le tribunat n'est pas inviolable ni inamovible, c'est que souvent des tribuns, spontanément, ont demandé à en être déchargés et s'en sont démis. »

Plutarque, *Vie de Tiberius Gracchus*, 15, 1-9.

EN CAMPAGNE

Mai-juin 133

Malgré son talent d'orateur, force est de constater que Tiberius Gracchus a quelque peu perdu la confiance du peuple. Ses décisions passées, souvent excessives, jouent en sa défaveur, inclinant certains à le croire plus intéressé par son propre pouvoir que par la cause plébéienne. La situation est délicate pour le tribun, envers qui les menaces se multiplient. Il est pour l'instant intouchable, du fait de la sacralité de sa fonction. Mais, dès lors que son mandat sera terminé, il ne fait aucun doute qu'il deviendra l'homme à abattre. Tiberius doit donc absolument retrouver l'adhésion du peuple et se faire réélire.

Nous sommes à l'été 133, et de nouvelles élections se préparent[1]...

Les amis de Tiberius, en voyant les menaces de ses adversaires liguées contre lui, estimèrent qu'il devait briguer un second tribunat pour l'année suivante. Dès lors il chercha de nouveau à se concilier la foule par d'autres lois, qui abrégeaient la durée du service militaire[2], donnaient le droit d'appeler au peuple des sentences judiciaires, adjoignaient aux juges d'alors, qui étaient des sénateurs, des chevaliers en nombre égal et amoindrissaient de toute manière la puissance du Sénat ; il agissait ainsi par colère et par esprit d'émulation, plutôt qu'en vue de la justice et du bien

---

1. Les tribuns, qui prenaient leurs fonctions le 10 décembre, étaient élus en juillet.
2. La durée normale du service militaire était alors, pour les hommes âgés de dix-sept à quarante-cinq ans, de dix ans dans la cavalerie et de seize ans dans l'infanterie.

public. Comme on votait, ses amis s'aperçurent que leurs adversaires l'emportaient (car le peuple n'était pas là au complet). Ils se mirent alors à invectiver contre les autres tribuns, afin de gagner du temps, puis ils congédièrent l'assemblée en lui ordonnant de tenir séance le lendemain. Tiberius descendit d'abord au Forum ; le visage abattu et les yeux pleins de larmes, il suppliait le peuple. Puis il dit qu'il craignait que ses ennemis ne vinssent forcer sa maison pendant la nuit pour le tuer, et il émut tellement les gens que beaucoup campèrent autour de sa maison et la gardèrent toute la nuit.

Plutarque, *Vie de Tiberius Gracchus*, 16, 1-3.

Gracchus se mit à prier le peuple de le défendre lui et ses enfants ; puis, faisant avancer le seul fils qui lui restât, il le recommanda aux assistants, les larmes aux yeux.

Aulu-Gelle, *Nuits attiques*, 2, 13.

C'était maintenant la belle saison et l'affichage des candidatures au tribunat pour l'année suivante. Et, l'élection approchant, il apparut nettement que les riches avaient apporté leur appui aux pires ennemis de Tiberius Gracchus pour les faire élire à cette magistrature. Au bord de la catastrophe, Tiberius, saisi de crainte (que se passerait-il s'il n'était plus tribun ?) battait le rappel des gens de la campagne pour qu'ils viennent voter. Mais ceux-ci n'avaient pas un instant de loisir, vu que c'était la belle saison ; aussi, pressé par la brièveté du délai restant à courir avant l'élection, recherchait-il le soutien des plébéiens de la Ville et, abordant chacun tour à tour, il leur demandait de le réélire tribun pour l'année suivante, puisque c'était à cause d'eux qu'il risquait une condamnation. Les opérations de vote ayant commencé, à peine les deux premières tribus avaient-elles désigné Tiberius Gracchus que les riches protestèrent qu'il n'était pas légal qu'une même personne exerçât deux fois de suite une magistrature : cela jeta dans l'embarras le tribun Rubrius, que le sort avait désigné pour présider ces comices. Mummius, qui avait été élu pour succéder à Octavius, somma alors Rubrius de lui abandonner la direction des opérations de vote. Celui-ci la lui céda, mais les autres tribuns demandaient que la présidence fît l'objet d'un nouveau tirage au sort. Puisque Rubrius, qui avait cédé sa place, avait été désigné par le sort, il fallait procéder de nouveau à un tirage entre eux tous. Sur cette question également une grave contestation s'éleva et Gracchus, mis en minorité, renvoya l'élection au lendemain ; ayant perdu tout espoir, il s'habilla de noir, bien qu'il fût encore en charge, et, pendant le reste de la journée, il conduisit son fils sur le Forum, le présentant et le recommandant à chacun, en homme qui va bientôt périr de la main de ses ennemis.

Appien, Guerres civiles, 1, 14.

Les élections approchent. Cornelia, qui souhaitait être connue comme la mère des Gracques[3], a de quoi être satisfaite : tous les regards sont tournés vers son fils. Mais celui-ci comprend que le tribunat est en train de lui échapper. Certains signes ne trompent pas.

Ainsi, le jour même où les nouveaux tribuns devaient être élus…

Au point du jour arriva l'homme qui apportait les poulets servant à la divination[4], et il leur présenta leur nourriture. Mais l'homme eut beau secouer fortement la cage, ils ne sortirent pas, sauf un seul, qui d'ailleurs ne toucha même pas à la nourriture, mais leva l'aile gauche, étendit la patte et rentra dans la cage. Ce présage en

---

3. Plutarque, *Vie de Tiberius Gracchus*, 8, 7.
4. Il s'agit du *pullarius*, fonctionnaire qui avait soin des poulets sacrés et en observait le comportement. Si ceux-ci mangeaient le grain qui leur était donné, le présage était bon. S'ils le refusaient, le présage était mauvais.

rappela à Tiberius un autre, qui était antérieur : il avait
un casque qu'il portait dans les combats, remarquable-
ment beau et orné ; des serpents s'y glissèrent sans qu'on
les vît, y déposèrent leurs œufs et les firent éclore. C'est
pourquoi Tiberius fut encore plus troublé par le présage
des poulets. Néanmoins il voulut sortir de chez lui en
apprenant que le peuple était assemblé en haut, auprès du
Capitole, mais, avant d'être dehors, il heurta le seuil, et le
coup fut si violent qu'il se fendit l'ongle du gros orteil et
que le sang coula à travers sa chaussure. À peine avait-il
fait quelques pas que l'on vit à sa gauche des corbeaux se
battre sur un toit, et, bien qu'il y eût, comme on peut le
croire, beaucoup de gens qui passaient là en même temps
que lui, une pierre, poussée par un des corbeaux, tomba
juste à ses pieds[5].

> Plutarque, *Vie de Tiberius Gracchus*, 17, 1-4.

5. N'oublions pas que Tiberius avait été, en 146, membre du
collège des augures et attachait donc une importance particulière à
ce type de présages. Cf. *supra*, p. 19.

LA CONSPIRATION
DES *OPTIMATES*

Juillet 133

Le mois des élections est arrivé. Tiberius Gracchus se rend au Capitole dans l'intention de se faire réélire tribun de la plèbe. Se sachant menacé, il convient, avec ses partisans, d'un code secret : en cas de danger, il portera la main à sa tête. Sa garde rapprochée, reconnaissant le signal, viendra alors à son secours et le mettra hors d'atteinte.

Mais ce que Tiberius Gracchus ne sait pas, c'est que le jour même, le Sénat s'est réuni dans le temple de Fides[1]...

Tiberius Gracchus, au cours de son tribunat, répandait les largesses qui lui avaient procuré la faveur de la foule et il tenait l'État en son pouvoir, répétant ouvertement qu'une fois le Sénat anéanti, tout devrait se faire par le moyen de la plèbe : les sénateurs, réunis au temple de Fides par le consul Mucius Scaevola, délibéraient sur les mesures à prendre devant de tels troubles et tous étaient d'avis que le consul devait recourir aux armes pour protéger l'État ; Scaevola déclara que jamais il n'emploierait la force dans son action. Alors Scipion Nasica :

– Puisque le consul, dit-il, en respectant les prescriptions du droit, en arrive à faire qu'avec l'ensemble des lois l'État romain s'effondre, moi qui ne suis qu'un simple citoyen, je m'offre à vous pour que la volonté qui vous unit ait un chef !

---

1. Temple de la bonne foi. Fides était la déesse de l'honneur romain. Son temple était situé dans le sud-ouest du Capitole.

Et ensuite, entourant sa main gauche d'un pan de sa
toge et levant la droite, il s'écria :

— Que ceux qui veulent sauver l'État me suivent !

Valère Maxime, *Faits et dits mémorables*, 3, 2, 17.

*Scipion Nasica, en infatigable défenseur de la République et
des intérêts des* optimates, *se met donc à la tête de la conspiration
visant à éliminer Tiberius Gracchus de la vie politique romaine.
Ce dernier arrive au Capitole, ne se doutant de rien, sous les
acclamations de la foule.*

On fit à Tiberius un brillant accueil ; dès qu'il parut,
il souleva des acclamations amicales ; tandis qu'il montait,
on le reçut avec empressement et l'on se rangea autour de
lui, pour qu'aucun inconnu ne pût l'approcher.

De nouveau Mucius se mit à appeler les tribus à voter,
mais il ne put mener à bonne fin la procédure habituelle
à cause du tumulte provoqué par les derniers venus, qui,
étant poussés et poussant, voulaient pénétrer de force dans
les rangs de ceux qui étaient en face d'eux. À ce moment,
Fulvius Flaccus[2], membre du Sénat, comme sa voix ne
pouvait parvenir jusqu'à Tiberius, se plaça en évidence et
lui fit signe de la main qu'il voulait lui dire un mot en
particulier. Tiberius ordonna à la foule de s'écarter. Flaccus,
non sans peine, monta auprès de lui et lui annonça qu'à la
séance du Sénat les riches, ne pouvant y décider le consul,
avaient résolu de le tuer eux-mêmes, et qu'ils avaient dans
cette intention beaucoup d'amis et d'esclaves en armes.

Plutarque, *Vie de Tiberius Gracchus*, 17, 7-18, 3.

2. Marcus Fulvius Flaccus, partisan de Tiberius Gracchus, futur
consul (125) et futur compagnon de Caius Gracchus (122). Cf. *infra*,
p. 83 et Annexe 4, p. 157.

Informé du danger qui pèse sur lui, Tiberius Gracchus demande à sa garde rapprochée de le protéger. Il porte alors, suivant le signe dont ils avaient convenu, la main à sa tête. Le Sénat, voyant ce geste, n'a plus aucun doute : Tiberius Gracchus demande une couronne.

Lorsque Tiberius eut communiqué cette nouvelle à ceux qui l'entouraient, ils roulèrent leurs toges autour de la ceinture, et, brisant les piques des appariteurs, qui servent à contenir la foule, ils s'en partagèrent les tronçons pour se défendre contre les assaillants. Ceux qui étaient plus loin, étonnés de ce qui se passait, cherchaient à savoir. Alors Tiberius porta la main à sa tête pour leur indiquer le péril qui le menaçait, car sa voix ne pouvait les atteindre. Ses adversaires, voyant ce geste, coururent annoncer au Sénat que Tiberius demandait un diadème, la preuve étant qu'il touchait sa tête de la main. Ce fut au Sénat un tumulte général[3] ; Nasica somma le consul de sauver la République et d'anéantir le tyran. Le consul répondit avec douceur qu'il ne prendrait pas l'initiative de la violence et qu'il ne ferait périr aucun citoyen sans jugement, que toutefois si le peuple, persuadé ou contraint par Tiberius, votait une mesure illégale, il ne la ratifierait point. Alors Nasica bondit et s'écria :

— Puisque le premier magistrat trahit la ville, vous qui voulez sauvegarder les lois, suivez-moi !

En disant cela, il se couvrit la tête d'un pan de sa toge et marcha vers le Capitole. Tous ceux qui le suivaient, la toge enroulée autour du bras, poussaient ceux qui leur faisaient obstacle, mais personne n'opposait de résistance à des personnages de si haut rang : tous s'écartaient et tombaient les uns sur les autres. Les gens de la suite des sénateurs apportaient de chez eux des massues et des

3. La tradition républicaine et aristocratique romaine tenait l'*adfectatio regni*, c'est-à-dire l'aspiration à la tyrannie ou à la royauté, comme le crime suprême contre l'État romain.

bâtons, et les sénateurs eux-mêmes, s'armant des morceaux et des pieds des bancs brisés par la foule en fuite, montè-rent jusqu'à Tiberius en frappant ceux qui étaient placés devant lui.

Plutarque, *Vie de Tiberius Gracchus*, 19, 1-10.

Scipion Nasica et ses hommes arrivent au Capitole.

En entrant dans le Capitole, Scipion Nasica se jeta sur les gracchiens qui s'étaient effacés comme on le fait devant un noble en raison de son rang éminent et ils voyaient le Sénat marcher contre eux en même temps que lui. Mais, après avoir arraché leurs bâtons aux gracchiens et s'être saisis de tout ce qu'on avait rassemblé comme bancs et autre matériel au lieu de l'assemblée, les sénateurs, qui s'étaient frayé un passage, les frappaient, les pourchassaient et les balançaient du haut de l'escarpement. Et, au cours de cette mêlée, beaucoup de gracchiens trouvèrent la mort.

Appien, *Guerres civiles*, 1, 16.

Transpirant, les yeux ardents, la chevelure hérissée, la toge en désordre, Scipion Nasica hâte le pas, entouré de plusieurs compagnons. Un crieur demande le silence pour Gracchus. Mais cet homme, hors de lui, bloquant un tabouret sous son talon, en casse un pied avec la main droite et dit aux autres d'en faire autant. Alors que Grac-chus commence sa prière aux dieux, les autres se précipi-tent sur lui, s'élançant de toutes parts ; un homme dans la foule s'écrie :

– Fuyez ! Fuyez donc, Tiberius ! Vous ne voyez rien ? Retournez-vous, vous dis-je !

Puis la foule inconstante, frappée d'une terreur subite, commence à fuir.

Rhétorique à Herennius, 4, 68.

Tiberius voulut s'enfuir ; quelqu'un l'ayant saisi par sa toge, il la lâcha et courut en tunique, mais il glissa et tomba sur certains de ceux qui étaient renversés devant lui. Il se relevait lorsque, le premier, sous les yeux de tous, l'un de ses collègues, Publius Satureius, le frappa à la tête avec le pied d'un banc. Le second coup qu'il reçut fut revendiqué par Lucius Rufus, qui s'en vantait comme d'un glorieux exploit.

Plutarque, *Vie de Tiberius Gracchus*, 19, 9-10.

Gracchus, sans ternir par le moindre mot le courage qui est le sien, s'écroule en silence. L'assassin, couvert du sang pitoyable de cet homme si brave, promenant le regard autour de lui comme s'il avait accompli un exploit et tendant en riant sa main criminelle aux gens qui le félicitaient, se dirigea vers le temple de Jupiter.

Rhétorique à Herennius, 4, 68.

Tiberius Gracchus, assassiné sauvagement dans l'enceinte même du Capitole, meurt à l'âge de vingt-neuf ans. L'incontrôlable rage du Sénat et l'extrême violence de la scène ont quelque chose d'unique dans les annales de la ville.

On dit que cette sédition fut à Rome, depuis l'abolition de la royauté, la première qui s'achevât dans le sang et par le meurtre de citoyens : les autres, bien qu'étant graves et portant sur de graves sujets, avaient pris fin par les concessions mutuelles que faisaient les puissants parce qu'ils craignaient le peuple, et le peuple parce qu'il respectait le Sénat. Il paraissait même qu'à ce moment Tiberius aurait abandonné la lutte sans difficulté, si on le lui eût demandé, et qu'il aurait cédé plus facilement encore, si ses adversaires s'étaient abstenus de frapper et de tuer, car il n'avait pas plus de trois mille hommes autour de lui. Mais

il semble que la colère et la haine des riches contribuè-
rent plus que les motifs qu'ils mirent en avant au complot
ourdi contre lui.

Plutarque, *Vie de Tiberius Gracchus*, 20, 1-2.

C'est ainsi que Tiberius Gracchus, fils de Tiberius
Sempronius Gracchus qui avait été deux fois consul et
de Cornelia, fille du Scipion qui avait enlevé à Carthage
la suprématie, fut tué au Capitole alors qu'il était encore
tribun de la plèbe, à cause d'une excellente loi qu'il était
venu défendre par la violence. Et ce crime abominable, le
premier à avoir été commis dans l'assemblée du peuple, ne
demeura pas isolé, car il se produisit une succession de faits
du même ordre. Après le meurtre de Tiberius Gracchus, la
ville fut partagée entre le chagrin et la satisfaction. Les uns
s'apitoyaient sur leur propre sort et sur celui de Gracchus,
ainsi que sur la situation présente, car ils pensaient qu'il
n'y avait plus de République mais que c'était le règne des
gros bras et de la violence ; les autres s'imaginaient avoir
réalisé intégralement tout ce qu'ils voulaient.

Appien, *Guerres civiles*, 1, 17.

La nuit suivante, le corps de Tiberius Gracchus est jeté au Tibre.

Les riches outragèrent le cadavre de Tiberius avec une
injuste cruauté, car ils ne permirent pas à son frère, qui les
en priait, d'emporter le corps et de l'ensevelir de nuit ; ils
le jetèrent au fleuve avec les autres cadavres.

Plutarque, *Vie de Tiberius Gracchus*, 20, 3-4.

PARTISANS ET DÉTRACTEURS

133-129

En assassinant Tiberius Gracchus, le Sénat, sous l'impulsion de Scipion Nasica, est persuadé d'avoir honoré son devoir et accompli un acte juste. Il est dit que Scipion Émilien, le cousin et beau-frère du premier des Gracques, étant interrogé par un tribun, déclara que « si l'intention de Gracchus avait été de s'emparer du pouvoir, on avait eu raison de le tuer[1] ». Les optimates, *malgré la violence de leur riposte, restèrent toujours persuadés d'avoir agi justement. D'avoir, en somme, sauvé la République.*

Plusieurs décennies après la mort du jeune homme, on parle encore, du côté des classes aisées, de ce geste salvateur.

Ton père, en vérité, dont la vieillesse inspirait ma jeunesse, un homme grave et avisé, donnait volontiers le premier rôle entre tous les citoyens à Scipion Nasica, le meurtrier de Tiberius Gracchus : il pensait que son courage, sa sagesse, sa grandeur d'âme avaient délivré la République.

Cicéron, *Philippiques*, 8, 4.

Les semaines qui suivent la mort de Tiberius Gracchus sont parcourues de tensions. Nasica fait bannir et exécuter les partisans de l'ancien tribun, créant dans la ville un climat de méfiance et de délation.

---

1. Velleius Paterculus, *Histoire romaine*, 2, 4, 4. La même anecdote est relatée dans Cicéron, *Pour Milon*, 3.

Après l'assassinat de Tiberius Gracchus qu'ils accusaient d'aspirer à la royauté, des poursuites furent exercées par le Sénat contre la plèbe de Rome.

Salluste, *La Guerre de Jugurtha*, 31.

De cruelles poursuites furent engagées contre les amis et les clients des Gracques.

Velleius Paterculus, *Histoire romaine*, 2, 7.

Les riches bannirent sans jugement nombre des amis de Tiberius Gracchus, arrêtèrent les autres et les firent périr, notamment le rhéteur Diophanès[2], qui perdit ainsi la vie. Ils enfermèrent un certain Caius Villius dans un sac où l'on avait mis des vipères et d'autres serpents pour le faire mourir.

Plutarque, *Vie de Tiberius Gracchus*, 20, 4-5.

Certains de ses amis restent fidèles à la mémoire de Gracchus...

Tiberius Gracchus a été considéré comme un ennemi de notre patrie, et non sans raison, puisqu'il a placé la puissance qu'il cherchait à avoir au-dessus de la sécurité de celle-ci. Pourtant quelle constance dans la fidélité il a trouvée, même à propos d'une entreprise aussi mauvaise, chez son ami Blossius de Cumes ! Il vaut la peine d'en prendre connaissance. Tiberius avait été déclaré ennemi public, frappé du dernier des supplices, privé de l'honneur d'une sépulture, et l'attachement que cet homme avait pour lui ne lui a pas fait défaut. Quand le Sénat avait chargé les consuls Rupilius et Lenas de prendre à l'égard de ceux qui avaient partagé les projets de Gracchus les mesures conformes à la tradition, et que Blossius était venu

2. Il s'agit de l'ancien maître de Tiberius (cf. *supra*, p. 18).

trouver Lelius, dont les conseils exerçaient une influence particulière sur les consuls, pour le supplier d'intervenir en sa faveur, en avançant l'excuse de ses liens avec Gracchus, Lelius lui dit :

— Et s'il t'avait dit de lancer des torches sur le temple de Jupiter Très Bon Très Grand, aurais-tu obéi à ses désirs en raison des liens que tu mets en avant ?

— Jamais, répondit-il, Gracchus n'aurait exigé cela.

En voilà assez, ou plutôt même trop. Le Sénat tout entier avait, à l'unanimité, condamné son comportement, et celui-là a osé le défendre. Mais ce qui suit comporte plus d'audace et plus de risques. Car, accablé de questions répétées par Lelius, il a gardé constamment la même position et il a même répondu que cela, si seulement Gracchus le lui avait indiqué, il l'aurait fait. Qui l'aurait considéré comme un criminel s'il s'était tu ? Qui lui aurait même refusé de la sagesse s'il avait laissé les circonstances lui imposer ce qu'il avait à dire ? Mais Blossius n'a accepté d'avoir recours ni à un silence honorable ni à des propos prudents pour assurer sa sécurité, refusant de renoncer en quoi que ce fût au souvenir qu'il gardait d'une amitié malheureuse.

Valère Maxime, *Faits et dits mémorables*, 4, 7, 1.

Un climat de terreur règne à Rome. Mais le peuple n'a jamais aimé Nasica et ne se résout pas à se ranger de son côté.

Les gens qui rencontraient Scipion Nasica ne cachaient pas leur animosité à son égard ; sa vue, quand ils l'apercevaient, ne manquait pas de les exaspérer et de les faire crier en l'appelant un maudit, un tyran qui avait souillé par le meurtre d'un homme inviolable et sacré le sanctuaire le plus saint et le plus vénérable de la ville.

Plutarque, *Vie de Tiberius Gracchus*, 21, 5.

*Les partisans de Tiberius Gracchus, confortés par l'indignation
du peuple, essaient de traduire Scipion Nasica en justice.*

Comme le peuple, affligé par la mort de Tiberius,
attendait visiblement l'occasion de la venger, et que déjà
l'on se préparait à intenter des procès à Nasica, le Sénat,
craignant pour celui-ci, décréta sans nécessité aucune de
l'envoyer en Asie.

[...]

Nasica s'échappa hors de l'Italie, bien qu'il fût attaché
aux cérémonies religieuses les plus importantes, étant le
plus grand et le premier des pontifes. Errant misérable-
ment çà et là en terre étrangère, il mourut peu de temps
après à Pergame[3].

Plutarque, *Vie de Tiberius Gracchus*, 21, 4-6.

La haine des plébéiens envers Scipion Nasica provoque
l'indignation du Sénat et des classes aisées. Au Ier siècle,
Cicéron écrira : « Ce qu'après la mort de Tiberius Gracchus
ses partisans et ses proches ont osé contre Nasica, je ne puis
le dire sans larmes[4]. »

Mais la justice du peuple est aveugle et, une fois débar-
rassé de Nasica, celui-ci s'attaque à l'autre cousin de Tiberius Gracchus, Scipion Émilien.

Il ne faut pas s'étonner que le peuple ait tellement
haï Nasica, puisque Scipion Émilien, l'homme que les
Romains semblent avoir aimé à plus juste titre et plus
qu'aucun autre, faillit se voir privé et dépossédé de l'affection du peuple parce que, quand il apprit à Numance la
mort de Tiberius, il dit aussitôt à haute voix ce vers d'Homère : « Périsse comme lui qui voudrait l'imiter[5] ! » Dans

3. En 132.
4. Cicéron, *De l'amitié*, 22.
5. Homère, *Odyssée*, I, 47.

la suite, comme Caius Gracchus et Fulvius[6] lui demandaient dans une assemblée du peuple ce qu'il pensait de
la mort de Tiberius, il donna une réponse dans laquelle il
désapprouvait la politique du tribun. Dès lors le peuple,
quand il parlait, se mit à protester, ce qu'il n'avait jamais
fait auparavant, et Scipion se laissa emporter à injurier la
foule.

Plutarque, *Vie de Tiberius Gracchus*, 21, 7-9.

— Taisez-vous, leur dit-il, ceux pour qui l'Italie n'est
qu'une marâtre !

Et devant le vacarme qu'il venait de soulever :

— Vous n'arriverez pas à faire que, parce qu'ils ont trouvé
la liberté, j'ai peur de ceux que j'ai amenés ici enchaînés.

Le peuple tout entier voyait un homme seul l'accabler
de nouveau d'injures — quel prestige possède la valeur
personnelle ! — et il a gardé le silence. La victoire qu'il
venait de remporter sur Numance[7], celle de son père sur
la Macédoine[8], la défaite de Carthage et les dépouilles que
son grand-père en avait rapportées, l'image de deux rois,
Syphax et Persée, précédant des chars de triomphe avec des
chaînes qui enserraient leur cou, ont fermé la bouche de
tous ceux qui se trouvaient alors sur le Forum.

Valère Maxime, *Faits et dits mémorables*, 6, 2, 3.

6. Il s'agit du même Fulvius qui avait prévenu Tiberius du danger
qui pesait sur lui (cf. *supra*, p. 74) et que l'on retrouvera plus tard aux
côtés de Caius Gracchus.

7. En 133, Scipion Émilien prend la ville de Numance après un
long siège et la détruit.

8. Lucius Aemilius Paullus Macedonius (230-160), père de Scipion
Émilien, avait vaincu, en 168, le roi macédonien Persée, mettant fin
à la troisième guerre de Macédoine (cf. *supra*, p. 15).

On ne sait pas vraiment à qui profite la mort de Tiberius Gracchus. Les classes patriciennes, croyant avoir libéré la République d'un tyran, se retrouvent confrontées au mécontentement du peuple et se voient à leur tour menacées. « La mort de Tiberius Gracchus, écrit Cicéron, divisa le peuple, jusqu'alors uni, en deux partis[9]. »

Afin de calmer le courroux de la plèbe, le Sénat décide de mettre en place les mesures agraires prônées par Tiberius Gracchus lors de son tribunat.

Le Sénat, pour calmer le peuple dans les circonstances présentes, ne s'opposa plus au partage des terres, et il proposa à l'assemblée de choisir un commissaire pour remplacer Tiberius.

> Plutarque, *Vie de Tiberius Gracchus*, 21, 1.

Après l'assassinat de Tiberius Gracchus et la mort d'Appius Claudius, on nomma à leur place Fulvius Flaccus et Papirius Carbo pour procéder, avec Caius Gracchus, à la répartition des terres publiques ; et, comme ceux qui en possédaient négligeaient d'en faire la déclaration écrite, les triumvirs firent proclamer un édit invitant les délateurs à engager des poursuites. On se trouva rapidement en présence d'une multitude de procès inextricables. Car les terres, avoisinant celles de l'État, qui avaient été soit vendues, soit réparties entre les alliés, faisaient toutes, en raison de la délimitation des premières, l'objet d'une enquête relative aux conditions de leur vente ou de leur attribution, alors que les gens ne possédaient plus tous ni les contrats de vente ni les titres d'assignation. D'ailleurs les pièces que l'on retrouvait prêtaient à discussion. Et, tandis que l'on procédait à une nouvelle délimitation des terres de l'État, certains devaient céder des terrains plantés et pourvus de bâtiments agricoles contre des terrains nus, d'autres des cultures contre des friches, des étangs ou des

---

9. Cicéron, *La République*, 1, 19, 31.

marécages, attendu qu'à l'origine les gens n'avaient même pas procédé à un arpentage précis, au motif qu'il s'agissait de terres conquises par la lance. Et l'édit invitant tout volontaire à mettre en valeur la terre indivise avait incité bien des gens, qui travaillaient les terres avoisinantes, à modifier profondément l'aspect de celle-ci comme celui de celles-là. Et le temps qui s'était écoulé depuis avait changé la face de toute chose. Le préjudice causé par les riches avait beau être grand, il n'était pas aisé d'en déterminer l'étendue. Le seul résultat obtenu, c'était une migration générale, puisque l'on déplaçait les gens pour les installer sur des parcelles appartenant à d'autres.

Appien, *Guerres civiles*, 1, 18.

Tiberius Gracchus avait-il pensé à toutes les difficultés qu'il rencontrerait dans l'application de sa loi ? Force est de constater que le jeune tribun, guidé par un idéal patriotique et démographique, n'entendait pas grand-chose à l'économie romaine[10] et n'avait peut-être pas pesé toutes les conséquences de sa proposition de loi. La lex Sempronia, même sans le vouloir, remet en question les fondements mêmes de la société romaine.

Le Sénat, pris d'embarras, fait alors appel à Scipion Émilien pour l'aider à mettre en place les mesures prévues par Tiberius Gracchus. Mais celui-ci, ennemi déclaré du premier des Gracques, rencontre de nouvelles difficultés...

Scipion Émilien se rendit donc au sénat ; et, sans blâmer ouvertement la loi de Tiberius Gracchus, par égard pour la plèbe, il en exposa les difficultés d'application et émit l'avis que les procès fussent plaidés non plus devant

10. Le fait que Tiberius Gracchus ait envisagé de puiser dans le trésor d'Attale, et donc dans des ressources financières exceptionnelles, prouve d'une certaine façon que le jeune homme n'avait pas évalué parfaitement les exigences économiques de la *lex Sempronia*. Cf. *supra*, p. 65-66.

les triumvirs chargés de la répartition, puisque les justi-
ciables les suspectaient, mais devant une autre instance.
Ce fut par cet argument qu'il convainquit surtout l'auditoire, car on le trouva équitable. Et Tuditanus, qui exerçait
alors le consulat, fut chargé de juger ces affaires. Mais à
peine s'était-il attaqué à sa tâche qu'il en vit la difficulté :
aussi se lança-t-il dans une expédition contre les Illyriens,
trouvant là un prétexte pour ne pas rendre la justice. Les
triumvirs chargés de la répartition des terres étaient en
revanche désœuvrés, car personne ne se présentait plus
devant eux pour engager une action. Ce fut l'origine de
l'animosité et de l'indignation que les plébéiens conçurent
à l'encontre de Scipion Émilien : alors qu'ils lui avaient
manifesté leur prédilection en provoquant des jalousies,
qu'ils avaient souvent contrarié les gens puissants pour le
défendre, et qu'ils l'avaient à deux reprises élu consul au
mépris de la loi, ils voyaient qu'il avait agi contre leurs
intérêts pour défendre les Italiens.

Appien, Guerres civiles, 1, 19.

*Nous sommes en 129. Quatre ans après sa mort, la mémoire de
Tiberius Gracchus est encore vive à Rome. Scipion Émilien, après
Scipion Nasica, fait les frais de la complexité de la situation politique
et de son incapacité à mettre en place les réformes de son cousin.*

Les ennemis de Scipion disaient hautement qu'il s'ap-
prêtait, absolument déterminé à réduire à rien la loi de
Tiberius Gracchus, à recourir aux armes et à faire couler le
sang en abondance.

À l'écoute de ces discours, le peuple était envahi par l'in-
quiétude, jusqu'au jour où l'on découvrit Scipion Émilien
mort, sans aucune blessure : la veille au soir, il avait disposé
à son chevet une tablette sur laquelle il avait l'intention
d'écrire, de nuit, le discours qu'il devait prononcer devant
le peuple. C'était peut-être Cornelia, la mère de Gracchus,

qui avait attenté à sa vie pour éviter que la loi de Gracchus ne fût abrogée ; elle aurait été aidée pour cela par sa
fille Sempronia, femme de Scipion Émilien, que celui-ci
n'aimait pas à cause de sa laideur et de sa stérilité, et qu'elle
n'aimait pas non plus ; peut-être aussi, comme certains le
croient, s'était-il suicidé parce qu'il avait conscience qu'il
ne serait pas en mesure de tenir ses promesses. D'autres
affirment que des esclaves, mis à la torture, déclarèrent que
c'étaient des étrangers, introduits de nuit par l'arrière de
la maison, qui l'avaient étranglé, et que ces esclaves, bien
qu'ils fussent au courant, avaient hésité à faire des révéla-
tions, attendu que le peuple était encore irrité et se réjouis-
sait de sa mort. Voilà donc Scipion Émilien mort et, bien
qu'il eût énormément contribué à établir la suprématie des
Romains, on ne le jugea même pas digne de funérailles
nationales. Tellement la fureur du moment prévalait sur
la faveur du passé ! Un événement de cette importance se
trouva réduit à la proportion d'un fait divers qui s'ajoutait
à la conspiration de Tiberius Gracchus.

Appien, *Guerres civiles*, 1, 19-20.

*Scipion Émilien s'est-il suicidé ou fut-il la victime d'une conspi-
ration ? La rumeur court dans Rome…*

On soupçonna sa femme Sempronia de l'avoir empoisonné, surtout parce qu'elle était la sœur des Gracques,
ennemis des Scipions.

Tite-Live, *Periochae*, 59.

*Quelle qu'en soit la raison, la mort de Scipion est un coup dur
pour la classe patricienne.*

Scipion Émilien eut une ambition démesurée et qui
s'accordait mal avec ses vertus. Cependant aucun de ses
adversaires ne se réjouit de sa mort : elle leur causa même

des regrets, quoiqu'ils le regardassent comme l'antagoniste le plus redoutable ; tant ils étaient persuadés qu'il était utile à la République, et qu'ils n'auraient eu eux-mêmes aucun mauvais traitement à essuyer de sa part. À peine fut-il mort que la puissance des patriciens se trouva affaiblie, et les fauteurs du partage des terres purent sans crainte porter le ravage, pour ainsi dire, dans toute l'Italie.

Dion Cassius, *Histoire romaine*, fr. 258.

Scipion Émilien, qui avait été deux fois consul[11] et avait défendu Rome contre les Carthaginois et les Numantins, n'a pas droit à des funérailles publiques. Son enterrement est fait dans le secret.

On l'ensevelit la tête voilée, pour que l'on ne vît point sur son visage les traces livides du crime.

Aurelius Victor, *Livre des Césars*, 58.

11. En 147 et en 134 (cf. Annexe 4, p. 157).

CAIUS GRACCHUS

154-121

LES DÉBUTS

129-127

*Les années qui suivent la mort de Scipion Émilien sont assez
obscures. On sait toutefois que les partisans de Tiberius Gracchus
n'abandonnent pas le combat. Ils s'efforcent tant bien que mal, malgré
les difficultés pratiques, de faire appliquer la lex Sempronia et
de rendre aux citoyens romains les domaines de l'ager publicus
qui leur reviennent de droit.*

*À la tête de ces partisans, nul ne s'étonne de trouver Caius
Gracchus, le frère de Tiberius. Le jeune homme, âgé de vingt et un
ans à la mort de son aîné, s'est engagé dans la carrière politique
dans les mois qui ont suivi les événements de 133.*

Caius Gracchus était tout jeune, car il avait neuf ans
de moins que son frère, et celui-ci n'avait pas trente ans
quand il mourut. Mais le temps révéla peu à peu son caractère ennemi de l'oisiveté, de la paresse, de la boisson et
du lucre. Ses exercices oratoires lui préparaient des ailes
permettant de voler rapidement vers la politique, et l'on
vit bien qu'il ne mènerait pas une vie inactive : Vettius, un
de ses amis, ayant été cité en justice[1], il le défendit, et il
souleva l'enthousiasme et les transports de joie du peuple
en faisant voir que les autres orateurs n'étaient auprès de
lui que des enfants. Dès lors les nobles furent à nouveau
saisis par la peur, et ils ne parlaient entre eux que des
moyens d'empêcher Caius de parvenir au tribunat.

Plutarque, *Vie de Caius Gracchus*, 1, 2-3.

1. Le procès date probablement de 132.

Caius Gracchus a été élevé par Cornelia Africana dans la même volonté d'excellence que son frère Tiberius. Formé à l'art de la rhétorique par les meilleurs maîtres grecs, ses discours sont reconnus par tous comme des chefs-d'œuvre d'éloquence.

— Mais nous voici enfin en présence d'un homme doué du plus beau génie naturel, d'une activité ardente, et formé dès l'enfance par de savantes leçons : c'est Caius Gracchus. Garde-toi de croire que personne ait jamais eu une éloquence plus pleine et plus riche.

— C'est tout à fait mon sentiment, et, parmi les orateurs qui nous ont précédés, il est à peu près le seul que je lise.

— Tu as bien raison : oui, lis-le, il le faut. [...] Il est à lire, cet orateur, plus que tout autre, par les jeunes gens. Car il peut non seulement affiner l'esprit, mais encore le nourrir.

Cicéron, *Brutus*, 33.

Nous avons vu[2] que Caius Gracchus est doté d'un naturel quelque peu différent de celui de son frère. Quand Tiberius était austère et modéré, parfois moralisateur, Caius s'impose comme une personnalité passionnée et intempérante, cherchant non plus à obtenir l'adhésion de son auditoire mais à provoquer son transport.

Dion Cassius revient — avec un œil très critique — sur ce tempérament enflammé.

Caius était d'un naturel turbulent et se plaisait à faire le mal. Plus richement pourvu des ressources de l'éloquence, et par cela même plus pervers dans ses projets, plus audacieux, plus téméraire et plus arrogant que Tiberius dans toutes les circonstances, il fut le premier qui marcha et qui montra son bras nu, en parlant dans l'assemblée du peuple : personne dès lors ne regarda comme un mal d'en faire autant. Doué d'une logique pressante,

2. Cf. *supra*, p. 19-20.

d'une diction abondante et rapide, il ne lui était pas facile
de se maîtriser : souvent il se laissait entraîner jusqu'à dire
plus qu'il ne voulait. Aussi avait-il coutume d'emmener
avec lui un joueur de flûte, dont l'instrument réglait et
modérait sa voix[3]. Si, malgré cela, il lui arrivait encore de
s'écarter du ton convenable, il se contenait aussitôt.

Dion Cassius, *Histoire romaine*, fr. 259.

*Cette anecdote du flûtiste aidant Caius Gracchus à contrôler
son discours est célèbre dans l'Antiquité. Elle montre, non pas
l'emportement dont le jeune Gracque était parfois la victime, mais
son grand professionnalisme : les modulations contrôlées de la voix,
qu'il basait sur le son de la flûte, donnaient une force particulière
à son* actio *oratoire.*

Les flûtes spartiates me font penser à cette flûte de
harangue qui indiquait et donnait le rythme à Caius Gracchus lorsqu'il parlait au peuple, dit-on. Il n'est pas vrai,
au contraire de ce qu'on dit généralement, qu'un joueur
de flûte se tenait près de lui quand il parlait et, par ses
rythmes variés, tantôt adoucissait son ardeur et son action
oratoire, tantôt en augmentait l'intensité. Qu'y aurait-il eu
de plus stupide qu'un joueur de flûte donnant à Gracchus
en train de parler, comme à un acteur de pantomime en
train de danser, des rythmes, des mesures et des cadences
variées ? Ceux qui nous ont transmis la chose de façon
plus sûre disent que se tenait caché parmi les assistants un
homme qui, sur une syrinx courte[4], émettait discrètement
un son assez grave pour contenir et apaiser les élans de sa
voix quand ils se déchaînaient. Car je ne pense pas qu'il
faille supposer que la véhémence naturelle de Gracchus

---

3. L'anecdote se retrouve chez Plutarque, *Vie de Tiberius Gracchus*,
2, 6.
4. Sorte de flûte de Pan.

ait eu besoin d'une impulsion et d'une instigation exté-
rieures. Cicéron cependant estime que ce joueur de syrinx
était employé par Caius Gracchus aux deux fins pour, à
l'aide d'une musique tantôt calme, tantôt vive, donner à
son discours plus de vigueur quand il se traînait sur un ton
trop abattu, ou retenir son éloquence quand elle avait trop
de fougue ou de violence.

Aulu-Gelle, *Les Nuits attiques*, 1, 11, 10-15.

*Pourtant, malgré ses évidentes qualités d'orateur et un tempéra-
ment prompt à enflammer les foules, il semble que Caius Gracchus
ait embrassé la carrière politique non par ambition personnelle
mais pour honorer le destin familial.*

Caius Gracchus, au début, soit par crainte des adversaires, soit pour amasser la haine contre eux, se tint éloigné
du Forum et vécut tranquille chez lui, en homme qui pour
le moment demeure dans l'obscurité et qui a l'intention de
vivre dans l'avenir à l'écart des affaires. C'est au point qu'il
fournit un prétexte à certaines gens pour dire qu'il désapprouvait et rejetait la politique de Tiberius.

[...]

C'est une opinion fort répandue qu'il était un pur
démagogue et qu'il recherchait la popularité beaucoup
plus ardemment que Tiberius, mais telle n'est pas la
vérité, et il paraît s'être jeté dans la politique par suite
d'une certaine nécessité plutôt que par un choix déli-
béré. Même, l'orateur Cicéron raconte ceci[5] : alors que
Caius fuyait toute espèce de charge et avait pris le parti
de rester en repos, son frère lui apparut en songe et, lui
adressant la parole :

---

5. Cicéron, *Sur la divination*, 1, 26, 56. On retrouve la même
anecdote dans Valère Maxime, *Faits et dits mémorables*, 1, 7, 6.

— Pourquoi, Caius, tardes-tu donc ? dit-il. Tu ne peux
t'y soustraire : il n'y a pour nous deux qu'une seule vie et
une seule mort, que le destin nous impose pour la défense
du peuple par notre politique.

Plutarque, *Vie de Caius Gracchus*, 1, 1-7.

QUESTEUR EN SARDAIGNE

126-125

En 126, alors qu'il est âgé de vingt-huit ans, Caius Gracchus est élu questeur[1]. Il effectue ses premiers pas en politique loin de Rome, en Sardaigne.

Il arriva par hasard que le sort le désignât pour aller en Sardaigne[2] comme questeur du consul Orestes, ce qui fit plaisir à ses ennemis et ne lui déplut pas, car, doué pour la guerre et non moins exercé au métier des armes qu'aux procès, et, de plus, redoutant la politique et la tribune, mais ne pouvant résister à l'appel du peuple et de ses amis, il envisagea avec beaucoup de plaisir ce séjour à l'étranger.

Plutarque, *Vie de Caius Gracchus*, 1, 4-5.

La Sardaigne, province romaine, avait été pacifiée en 177 par Tiberius Sempronius Gracchus, père des Gracques. Pourtant, à partir de 126, de nouvelles révoltes ont lieu sur l'île. Caius Gracchus, accompagnant le consul Orestes[3], participe à la riposte romaine.

1. Le questeur est un magistrat dont le rôle est essentiellement financier. À la grande époque de l'expansion romaine, chaque armée dispose d'un questeur chargé de la trésorerie. On se souvient que Tiberius avait également occupé cette fonction, la première dans le *cursus honorum*, lors de la Guerre de Numance en 137.

2. La loi à Rome voulait que l'on laisse au hasard l'attribution de leur province aux magistrats (questeurs et préteurs) nouvellement élus.

3. Lucius Aurelius Orestes (cf. Annexe 4, p. 157).

En Sardaigne Caius donna toutes sortes de preuves de son mérite : il se montra de beaucoup supérieur à tous les jeunes gens par sa valeur dans les combats contre l'ennemi, par sa justice envers ses subordonnés, par son dévouement et sa déférence pour son général, et il surpassa même ses aînés en tempérance, en simplicité et en application à la tâche. Comme l'hiver était rude et malsain en Sardaigne, le général demanda aux villes des vêtements pour ses soldats, mais celles-ci envoyèrent une délégation à Rome pour être dispensées de cette charge ; le Sénat ayant fait droit à leur requête et ordonnant au général de trouver d'autres moyens pour couvrir ses troupes, le chef se vit dans un grand embarras et les soldats continuèrent à souffrir. Alors Caius parcourut les cités et fit si bien qu'elles envoyèrent d'elles-mêmes des vêtements pour venir en aide aux Romains. Cette nouvelle apportée à Rome fut interprétée comme annonçant une tendance à la démagogie et troubla encore davantage le Sénat.

Plutarque, *Vie de Caius Gracchus*, 2, 1-4.

Ce qui trouble le Sénat, ce n'est pas tant l'audace ou le pouvoir de persuasion de Caius Gracchus que le fait qu'il a très probablement fait appel, pour obtenir ces vêtements, à une « clientèle » locale forgée en Sardaigne quelque cinquante années auparavant par son père.

Le système des clientelae *à Rome est semblable à une organisation mafieuse : le* patronus, *qui appartient le plus souvent aux hautes classes patriciennes, promet à son* cliens *protection ou assistance en échange de services rendus. La relation de* clientela *est souvent transmise de père en fils.*

Caius Gracchus n'a aucun scrupule à utiliser un réseau politique qu'il sait puissant, faisant montre d'une grande ambition personnelle.

En premier lieu, des ambassadeurs venus de Libye, d'auprès du roi Micipsa, étant arrivés à Rome et disant

que le roi, par égard pour Caius Gracchus, envoyait du blé
en Sardaigne au général, le Sénat en fut si mécontent qu'il
les congédia[4]. En second lieu, il décréta qu'on remplacerait
les troupes de Sardaigne, mais qu'Orestes y resterait ; il
comptait bien que Caius y demeurerait aussi en raison de
sa charge. Mais, aussitôt que Caius eut appris cette décision, il s'embarqua sous le coup de la colère. Lorsqu'on
le vit arriver à Rome contre toute attente, non seulement
il fut mis en accusation par ses ennemis, mais le peuple
lui-même trouva étrange qu'étant questeur il eût abandonné son chef. Traduit pour ce motif devant les censeurs,
il demanda la parole et changea si bien les dispositions
des auditeurs que, lorsqu'il se retira, ils étaient convaincus
qu'il avait été victime d'une très grande injustice.

Plutarque, *Vie de Caius Gracchus*, 2, 4-8.

Voici plusieurs fragments de son discours :
– Je me suis comporté dans la province comme je
jugeais qu'il était de votre intérêt et non comme je pensais
qu'il convenait à mon ambition. Il n'y avait pas chez moi
de beuverie, il ne s'y tenait pas de jeunes garçons à la beauté
exceptionnelle mais vos enfants étaient traités au banquet
avec plus de réserve que dans la tente de leur général.

Ensuite il ajoute :
– Je me suis comporté dans la province en sorte que
personne ne pût dire sans mentir que j'ai reçu un as ou
plus dans mes charges ni que quelqu'un a fait une dépense
à cause de moi. J'ai été deux ans dans la province ; si une
courtisane est entrée dans ma maison ou si on a cherché
à séduire le petit esclave de qui que ce soit pour mon

4. Micipsa, le fils de Massinissa, un allié de Scipion l'Africain
(cf. Valère Maxime, *Faits et dits mémorables*, 5, 2, ext. 4), manifeste
ainsi son soutien au petit-fils de ce dernier. Le Sénat s'émeut de voir,
de nouveau, l'importance du réseau diplomatique que s'est constitué
Caius Gracchus.

compte, jugez-moi le dernier et le plus débauché de toutes
les espèces d'homme. Alors que je me suis abstenu si
chastement de leurs esclaves, vous pourrez en conclure de
quelle manière penser que j'ai vécu avec vos enfants.

Aulu-Gelle, *Les Nuits attiques*, 15, 12, 2-3.

*Mais le Sénat ne fait guère confiance à ce jeune homme si
ambitieux et si aimé du peuple. Les hautes classes dirigeantes,
qui se souviennent du tribunat de Tiberius, font tout leur possible
pour « couler » le second des Gracques, l'impliquant dans diverses
affaires.*

*Ces manipulations politiciennes ne feront que renforcer la
détermination de Caius...*

À son retour de la Sardaigne, le peuple alla au-devant
de lui, et, à son débarquement il fut accueilli avec des
bénédictions et des applaudissements. Telle était l'extrême
affection que le peuple avait pour lui.

Diodore de Sicile, *Bibliothèque historique*, 34, 35, 25.

On lui intenta alors d'autres procès ; on l'accusa notamment d'avoir entraîné les alliés à la défection et d'avoir
trempé dans la conspiration découverte à Frégelles[5]. Mais
il dissipa tout soupçon et prouva son innocence, puis se
mit aussitôt à briguer le tribunat.

Plutarque, *Vie de Caius Gracchus*, 3, 1-2.

---

5. Fregellae est une colonie romaine fondée sur la *via latina* (voie
qui relie Rome à Capoue), entre le Latium et la Campanie. En 125,
le consul Marcus Fulvius Flaccus, compagnon des Gracques, propose
d'accorder la citoyenneté romaine aux villes alliées (Frégelles avait
soutenu Rome pendant l'invasion d'Hannibal). Mais le Sénat rejette la
motion, ce qui provoque le soulèvement des Frégellans. Ceux-ci sont
rapidement écrasés, et la ville est aussitôt rasée. Des procès sont alors
intentés contre les chefs de la révolte et leurs alliés à Rome.

LA RÉFORME GRACCHIENNE

124-123

Caius Gracchus se présente aux élections du tribunat en 124, alors que l'application de la lex Sempronia *de son frère Tiberius fait encore débat.*

Le peuple, qui avait jusqu'alors vécu dans l'espérance de la réforme agraire, était en proie au découragement. Alors qu'ils étaient dans cet état d'esprit, ils ont la satisfaction de voir l'un des triumvirs chargés de la répartition des terres, Caius Gracchus, surgir pour briguer le tribunat.

Appien, *Guerres civiles*, 1, 21.

Les notables se liguèrent tous ensemble contre lui, mais la foule afflua d'Italie en si grand nombre dans la ville pour soutenir sa candidature que beaucoup de gens ne trouvèrent pas à se loger et que le Champ de Mars ne put contenir cette multitude, en sorte que certains faisaient entendre leurs voix du haut des toits, parmi les tuiles.

Plutarque, *Vie de Caius Gracchus*, 3, 2.

L'opposition du Sénat et des classes patriciennes s'avère impuissante face à l'engouement populaire dont bénéficie Caius Gracchus. En août 124, il est élu tribun du peuple. Il est alors âgé de trente ans.

Tout ce que les riches purent faire pour contrecarrer le peuple et tromper les espoirs de Caius, c'est qu'au lieu d'être proclamé le premier, comme il s'y attendait, il ne fut nommé que le quatrième ; cependant, à peine en fonction, il fut aussitôt le premier de tous, puissant par la parole autant qu'aucun autre, et tirant de son malheur une grande liberté de langage pour déplorer la mort de son frère. Car c'est là qu'à tout propos il ramenait le peuple, en évoquant le passé et en mettant en parallèle la conduite des ancêtres, qui avaient fait la guerre aux Falisques parce que ceux-ci avaient insulté un tribun, Genucius, et qui avaient condamné à mort Caius Veturius, parce que, seul, il n'avait point cédé le pas à un tribun qui traversait le Forum.

— Et c'est sous vos yeux, dit-il, que ces individus ont assommé Tiberius à coups de bâtons, que son cadavre a été traîné du Capitole à travers la ville pour être jeté au fleuve, et que ceux de ses amis que l'on a pris ont été mis à mort sans jugement. Et pourtant c'est chez nous un usage ancestral que, lorsqu'un homme accusé de crime capital ne comparaît pas, un trompette se rende à sa porte dès l'aube et l'appelle au son de son instrument, les juges ne pouvant prononcer auparavant leur sentence. Tant nos pères étaient prudents et circonspects dans les jugements !

Par de tels propos, il secoua le peuple, car il parlait d'une voix très forte et très puissante.

Plutarque, *Vie de Caius Gracchus*, 3, 3-4, 1.

Aussitôt élu, Caius Gracchus veut se montrer digne, à la fois des attentes du peuple et de l'héritage politique qui est le sien en proposant deux lois, chacune visant à venger le meurtre de son frère et à renverser les institutions d'une République qu'il juge gangrenée par la corruption.

Il présenta deux lois, portant, l'une, que, si le peuple ôtait sa charge à un magistrat, celui-ci ne pourrait plus en obtenir une nouvelle ; l'autre, que, si un magistrat bannissait un citoyen sans procès, le peuple aurait le droit de le juger. La première de ces lois, s'appliquant directement à Marcus Octavius, le privait de ses droits, puisque Tiberius l'avait fait démettre du tribunat[1] ; l'autre atteignait Popillius, qui, étant consul, avait banni les amis de Tiberius. Popillius, sans attendre le jugement, s'enfuit d'Italie. Quant à la première loi, Caius la retira de lui-même en disant que sa mère Cornelia lui avait demandé de faire grâce à Octavius. Le peuple y consentit avec joie par égard pour Cornelia, qu'il honorait autant à cause de ses enfants qu'à cause de son père[2], et plus tard il lui éleva même une statue de bronze avec cette inscription : « Cornelia, mère des Gracques[3] ». On rapporte également de Caius plusieurs traits d'une éloquence populaire qu'il lança à l'un de ses ennemis pour défendre sa mère :

— Toi, dit-il, tu insultes Cornelia, qui mit au monde Tiberius !

Et comme l'insulteur passait pour un efféminé :

— De quel droit oses-tu te comparer à Cornelia ? As-tu enfanté comme elle ? Cependant tous les Romains savent que, femme, elle a été plus longtemps que toi, homme, sans mari.

Tel était le caractère mordant de son langage, et l'on pourrait extraire de ses écrits beaucoup de passages analogues.

Plutarque, *Vie de Caius Gracchus*, 4, 1-6.

Si l'on reconnaît bien là le caractère emporté et passionné de Caius, on voit également l'influence de Cornelia sur les agissements de ses fils. Le fait est révélateur, tant la figure de la matrone occupera une importance grandissante dans l'imaginaire romain de la vie politique[4]. Rappelant à ses contemporains le souvenir de Veturia, la

1. Cf. *supra*, p. 59-60.
2. Rappelons que Cornelia est la fille de Scipion l'Africain.
3. Cf. Pline l'Ancien, *Histoire naturelle*, 34, 14 : « Elle est représentée assise et remarquable à sa chaussure sans courroies. »
4. On pense par exemple à Aurelia Cotta, mère de Jules César, à Attia, mère d'Auguste, voire à Livie, mère de Tibère.

mère légendaire de Coriolan⁵, Cornelia devient l'image de la vertu féminine et de la force de caractère, renforçant ainsi l'admiration du peuple pour son fils.

Celui-ci poursuit, quant à lui, son œuvre politique et propose un premier ensemble de lois.

Parmi les lois qu'il proposa pour favoriser le peuple et abaisser le Sénat, l'une était domaniale et partageait entre les pauvres les terres publiques[6]. Une autre concernait le service militaire et ordonnait d'habiller les soldats aux frais du Trésor, sans pour autant rien retrancher de leur solde à ceux qui faisaient campagne ; elle interdisait aussi d'enrôler un homme âgé de moins de dix-sept ans[7]. Une troisième visait les alliés et accordait aux Italiotes le même droit de vote qu'aux citoyens. Une quatrième avait trait aux céréales et rendait l'achat du blé moins onéreux pour les pauvres.

Plutarque, *Vie de Caius Gracchus*, 5, 1-2.

Les premières propositions de Caius Gracchus adoptent donc une visée globale. À la fois économiques, politiques et sociales, ces lois proposent un bouleversement conséquent du système politique romain.

5. Veturia, qui avait élevé son fils seule, était parvenue à convaincre Coriolan de ne pas attaquer Rome après que la ville l'eut exilé. Elle avait ainsi réussi à sauver la République là où le Sénat avait échoué. « En reconnaissance d'un si grand service, le Sénat décréta généreusement des distinctions en faveur des mères de famille. Il voulut que les hommes leur cédassent le pas dans la rue, avouant ainsi que les larmes des femmes avaient plus fait pour le salut de la patrie que les armes des guerriers » (Valère Maxime, *Faits et dits mémorables*, 5, 2, 1).

6. Il s'agit là d'une confirmation de la *lex Sempronia*.

7. Tout comme son frère Tiberius, Caius Gracchus s'intéresse de près à la question du recrutement militaire, à la fois du point de vue des familles et de celui de l'armée. Sa proposition de loi vise donc à protéger les citoyens de toute forme d'abus, mais également à faciliter le recrutement de certaines catégories de la population.

Traditionnellement conservatrices, les classes patriciennes redoutent
l'influence du second Gracque, n'hésitant pas à le comparer à son
frère. « Comme Tiberius, déclare Florus au IIᵉ siècle après J.-C.,
il eut recours au désordre et à la terreur[8]. »

Caius éleva des revendications bien plus considérables
et bien plus rigoureuses que Tiberius ; il accordait le droit
de cité à tous les Italiens, l'étendait presque jusqu'aux
Alpes, partageait les terres, interdisait à quiconque de
posséder plus de cinq cents jugères, mesure reprise de
la loi Licinia[9], créait de nouveaux droits de circulation,
remplissait les provinces de nouvelles colonies, instituait
des distributions de blé au peuple. Il ne laissait rien qu'il
ne déplaçât, n'agitât, ne bouleversât, bref, rien qui restât
dans le même état.

Velleius Paterculus, *Histoire romaine*, 2, 6.

Parmi les lois proposées par Caius Gracchus, la lex frumen-
taria, qui assure la distribution mensuelle de rations de blé à prix
modique pour les citoyens les moins fortunés, provoque le débat[10].
On accuse en effet le jeune politicien de démagogie et de vider les
caisses de l'État.

Des voix contestatrices commencent à s'élever.

Caius Gracchus voulait porter une loi pour la distribution du blé. Le peuple l'accueillait avec joie : des aliments

8. Florus, *Histoire du peuple romain de Romulus à Auguste*, 3, 16.
9. La *lex Licinia Sextia*, qui avait été prononcée en 376, fut l'un
des premiers actes politiques romains en faveur de la plèbe (elle
stipulait notamment, outre l'interdiction d'occuper plus de cinq
cents jugères sur l'*ager publicus* – environ cent vingt-cinq hectares –,
le rétablissement du consulat avec obligatoirement un élu plébéien
parmi les deux consuls).
10. Cette loi prévoit également un prix fixe au *modius* (ration)
de blé : 6,33 as. Il est probablement distribué cinq *modii* de blé à
chaque citoyen.

lui étaient fournis en abondance sans aucun travail. Les gens de bien la rejetaient, parce qu'elle leur semblait à la fois épuiser le trésor, et inspirer au peuple le goût de l'oisiveté.

Cicéron, Pour Sestius, 48.

Le fameux Pison avait combattu sans relâche la *lex frumentaria*. Quand la loi fut passée, ce personnage, qui était consulaire, se présenta à la distribution de blé. Gracchus remarque Pison debout dans la foule ; il lui demande devant tout le peuple romain s'il est logique de sa part de réclamer du blé aux termes d'une loi qu'il a combattue.

– Je serais bien ennuyé, Gracchus, dit Pison, s'il te prenait fantaisie de partager mes biens entre les citoyens ; cependant, au cas où tu le ferais, je réclamerais ma part.

Cela est-il assez clair, cet homme pondéré et sage pouvait-il mieux rendre sensible cette idée que la loi dilapidait le trésor public ?

Cicéron, Tusculanes, 3, 20.

Les motivations premières de Caius Gracchus, en proposant sa lex frumentaria, *ne sont pas, en réalité, uniquement démagogiques. En donnant aux classes plébéiennes une sécurité alimentaire, le jeune homme espère écarter tout risque de sédition. Mais il cherche également à libérer les citoyens pauvres des liens de* clientela *qui les attachent parfois aux citoyens plus fortunés[11]. Enfin, en accordant aux membres de la plèbe le droit de fixer eux-mêmes le prix du* modius *de blé[12], il donne au peuple un rôle non négligeable dans les décisions de l'État. En véritable représentant d'un parti populaire, Caius Gracchus réintroduit les citoyens dans le débat politique.*

Mais la loi la plus novatrice, la plus discutée, la plus contro-versée du jeune Gracque est la lex Calpurnia, *qui bouleverse en*

---

11. Cf. *supra*, p. 98.
12. Ce sont eux qui votent la loi – et donc valident le prix fixé.

profondeur *le système judiciaire romain et limite l'influence du Sénat sur les affaires publiques.*

Une cinquième loi, relative à la justice, enlevait au Sénat la plus grande partie de ses prérogatives judiciaires : comme les sénateurs étaient seuls juges des procès et par là redoutables au peuple et aux chevaliers, Caius adjoignit aux trois cents membres du Sénat trois cents chevaliers, et désormais les procès furent jugés en commun par les six cents[13]. En proposant cette loi, il prit, dit-on, toutes dispositions d'une façon remarquable, et, notamment, tandis qu'avant lui tous les orateurs regardaient vers le Sénat et ce qu'on appelle le *Comitium*[14], il fut le premier à parler en se tournant au-dehors vers le Forum, et c'est ce qui fut toujours fait depuis. Par cette petite déviation et modification d'attitude, il opéra une grande révolution : il fit en quelque sorte passer le régime politique de l'aristocratie à la démocratie, en montrant que les orateurs devaient avoir en vue le peuple, et non pas le Sénat.

Plutarque, *Vie de Caius Gracchus*, 5, 2-4.

De nombreux scandales judiciaires éclatent dans Rome en raison de la fragilité de ce fonctionnement judiciaire et de la corruption qui s'empare de nombreuses affaires. C'est pour pallier ces dysfonctionnements et rétablir l'égalité de chacun devant la justice que Caius Gracchus propose sa lex Calpurnia.

13. Une telle réforme est bien entendu favorable aux intérêts du peuple, qui peuvent désormais s'opposer plus ouvertement au Sénat : « Tous les citoyens, étant [jusqu'alors] soumis à la discrétion du Sénat et craignant les incertitudes de la nécessité, prenaient garde avant de résister à ses volontés et de les contrecarrer » (Polybe, *Histoires*, 6, 17).

14. Bâtiment officiel où la justice était rendue, situé sur le Forum à proximité de la Curie où se réunissaient les sénateurs.

Ayant pour ainsi dire la plèbe à sa solde, il cherchait également à séduire ceux que l'on appelle les chevaliers (par leur rang social, ils occupent une position intermédiaire entre les sénateurs et les plébéiens), et ce au moyen d'une autre mesure politique que voici. Les tribunaux étant perdus de réputation, Caius Gracchus cherchait à en enlever le contrôle aux sénateurs pour le transférer aux chevaliers : il reprochait particulièrement aux premiers les exemples récents d'Aurelius Cotta, de Salinator et, en troisième lieu, de Manius Aquilius (celui qui avait conquis la province d'Asie), personnages qui avaient été acquittés par ceux qui les avaient jugés après les avoir manifestement corrompus, alors que les ambassadeurs venus les accuser, encore présents, avaient clamé partout dans la ville leurs agissements avec indignation.

Appien, *Guerres civiles*, 1, 22.

La lex Calpurnia *propose donc d'augmenter, en leur confiant un rôle judiciaire important, l'influence politique des chevaliers. Ces derniers, qui appartenaient à ce que l'on appelait l'« ordre équestre », étaient à Rome des citoyens fortunés (ils devaient disposer d'un capital minimum de 400 000 sesterces pour entrer dans l'ordre). On trouvait parmi eux, essentiellement, des hommes d'affaires, des marchands, des avocats, des banquiers[15]. Se situant en quelque sorte, sur l'échelle sociale, entre les patriciens et les plébéiens, on les appelait les publicains.*

Naturellement, les rivalités entre publicains et patriciens sont nombreuses. Caius Gracchus profite de ces dissensions, inhérentes à

---

15. On a vu que les activités commerciales étaient interdites aux sénateurs (cf. *supra*, p. 42, note 7). Si le Sénat représente donc, d'une certaine façon, la richesse foncière, l'ordre équestre représente la richesse économique ou commerciale.

la société romaine, pour s'octroyer le soutien de la classe équestre[16] *et renforcer son opposition au pouvoir en place.*

   La loi, votée et acceptée par le peuple, est une nouvelle attaque envers le Sénat.

Non content d'approuver cette loi, le peuple confia même à Caius le soin de choisir les juges parmi les chevaliers, ce qui l'investit d'une sorte de pouvoir monarchique, au point que même le Sénat accepta ses avis.

Plutarque, *Vie de Caius Gracchus*, 6, 1.

La juridiction exercée par les chevaliers sur l'ensemble des Romains et des Italiens, ainsi que sur les sénateurs eux-mêmes, quelle que fût la gravité de la peine encourue (amende, perte des droits civiques, exil), les éleva démesurément, comme s'ils étaient en quelque sorte leurs chefs, et fit des sénateurs des sortes de sujets. Faisant cause commune avec les tribuns pour les élections et recevant de ceux-ci, en contrepartie, tout ce qu'ils désiraient, les chevaliers en vinrent à inspirer aux sénateurs un grand effroi. Et le résultat en fut rapidement le bouleversement des pouvoirs dans l'État, le Sénat n'ayant plus que la considération alors que les chevaliers détenaient la puissance. Car, poussant leur avantage, ils ne se contentaient plus de dominer les sénateurs, mais ils les humiliaient même ostensiblement durant les procès.

Appien, *Guerres civiles*, 1, 22.

   Mais la « révolution » engagée par Caius Gracchus, ainsi que le pouvoir de plus en plus important dont il dispose n'est pas pour plaire à tout le monde...

---

16. Il dispose ainsi d'un soutien financier non négligeable.

Gracchus conseilla, dans l'assemblée du peuple, de renverser l'aristocratie et d'établir un gouvernement démocratique ; et, après s'être concilié la faveur de toutes les classes, il trouva dans le peuple, non seulement un auxiliaire, mais, en quelque sorte, l'auteur de son audacieuse entreprise ; car, chaque citoyen, séduit par ses propres espérances, était prêt à braver tout danger pour l'adoption des lois qu'il défendait comme ses propres biens. En ôtant aux sénateurs le pouvoir judiciaire pour le conférer aux chevaliers, Gracchus éleva la basse classe au-dessus de la classe aristocratique, et, brisant l'harmonie qui avait existé jusqu'alors entre le Sénat et les chevaliers, il rendit le peuple prépondérant ; enfin, divisant toutes les classes, il se fraya la voie au pouvoir souverain.

Diodore de Sicile, *Bibliothèque historique*, 35, 25, 1.

Malgré ces voix contestatrices, la lex Calpurnia *rétablit une indéniable équité dans le système judiciaire romain et le débarrasse de la corruption qui régnait jusqu'alors. Cicéron lui-même en reconnaîtra la nécessité.*

Pendant la période continue de cinquante années presque[17], l'ordre équestre a exercé le pouvoir judiciaire sans qu'il se soit même établi le plus léger soupçon à propos d'un chevalier romain qui, dans l'exercice de ses fonctions judiciaires, aurait reçu de l'argent pour une affaire à juger.

Cicéron, *Première action contre Caius Verres*, 13, 38.

Caius Gracchus réussit donc un exploit sans précédent. En moins d'un an, il emporte l'adhésion presque totale des plébéiens et des publicains et destitue le Sénat de son influence judiciaire.

---

17. Cicéron écrit en 80, soit un peu plus de quarante ans après le premier tribunat de Caius Gracchus.

On comprend dès lors que des voix commencent à s'élever parmi
les classes patriciennes, s'inquiétant de ce qui s'apparente à une
véritable prise de pouvoir…

On prétend qu'immédiatement après que la loi eut été
sanctionnée par le peuple, Caius Gracchus dit :
– Je viens d'enterrer le Sénat.

Appien, *Guerres civiles*, 1, 22.

LE SECOND TRIBUNAT

123-122

*Non content du pouvoir dont il jouit à Rome, Caius Gracchus
étend son domaine d'influence et sa popularité jusque dans les
provinces de l'État.*

Il présenta un décret très beau et très modéré à propos
du blé envoyé d'Espagne par le propréteur Fabius[1] : il
persuada le Sénat de vendre ce blé, d'envoyer l'argent aux
villes et de blâmer en outre Fabius de rendre la domination romaine insupportable et odieuse. Cet acte valut à
Caius dans les provinces une grande renommée et beaucoup d'affection. Il proposa aussi de fonder des colonies, de
construire des routes et d'établir des greniers à blé. Il prit
lui-même la direction et la surveillance de toutes ces entreprises, et, loin de succomber sous tant de tâches considérables, il les menait à bien avec une activité et une rapidité
admirables, comme si chacune de celles dont il s'occupait
était la seule, en sorte que ceux-là mêmes qui le craignaient
et le haïssaient le plus étaient stupéfaits de le voir achever
et mener à terme tout ce dont il se chargeait. Le peuple,
quant à lui, admirait aussi le spectacle même qu'offrait
la foule qui dépendait de lui : entrepreneurs, ouvriers,
ambassadeurs, magistrats, soldats et lettrés. Il parlait à
tous avec aménité, sans que sa cordialité lui fît rien perdre
de sa dignité, et en traitant chacun avec les égards qui
lui revenaient en propre. Il faisait voir ainsi la méchanceté
des calomniateurs qui le représentaient comme un homme

1. Quintus Fabius Maximus, futur consul (121) et ennemi déclaré
de Caius Gracchus. Cf. Annexe 4, p. 157.

redoutable, tout à fait grossier ou violent. Tant il savait se rendre populaire par sa conversation familière et ses actes plus encore que par ses discours à la tribune !

Plutarque, *Vie de Caius Gracchus*, 6, 2-5.

On voit ici la différence fondamentale entre Tiberius et Caius Gracchus. Quand le premier était avant tout un soldat guidé par un but moral, le second s'impose à la fois comme un homme d'action et comme un réformateur de l'économie romaine[2]. Il fonde des colonies, construit des routes, aide à créer des greniers à blé : son œuvre est beaucoup plus étendue que celle de Tiberius, et touche à un ensemble de problématiques plus vaste.

Il faut en outre souligner la cohérence du projet de Caius : chacune de ses lois s'inscrit dans une visée globale et est inséparable de l'ensemble de son action. C'est toujours l'intérêt de la plèbe qui le guide mais il a appris, avec le semi-échec de la lex Sempronia, *qu'une seule loi ne suffisait pas à réformer en profondeur la société romaine. Son projet doit se situer, s'il veut aboutir, à la fois sur le plan politique, économique et social.*

C'est ainsi que, en 123, il propose une loi concernant l'organisation de grands travaux publics : la lex viaria.

Il s'attacha particulièrement à la construction des routes, en veillant tout ensemble à l'utilité, à l'agrément et à la beauté. Il les fit tracer toutes droites et fermes à travers les terres, et paver de pierres polies solidement reliées par du sable entassé entre elles. Il fit combler ou traverser par des ponts les dépressions formées par les ravins ou les torrents, et obtint ainsi une hauteur égale et parallèle des deux côtés, de façon que l'ouvrage, parfaitement égal, présentât partout un bel aspect. En outre, il mesura chaque

---

2. On a vu que Tiberius Gracchus n'avait sans doute pas pesé toutes les dimensions financières de sa *lex Sempronia*. Caius, quant à lui, maîtrise parfaitement les données économiques de son action politique.

route par milles (le mille vaut près de huit stades[3]), et fit
dresser des colonnes de pierre indiquant les distances. Il
fit placer enfin aux deux bords de la route d'autres pierres
moins éloignées les unes des autres, pour permettre aux
cavaliers d'enfourcher facilement leur monture sans avoir
besoin d'écuyer.

Plutarque, *Vie de Caius Gracchus*, 7, 1-4.

*Alors qu'il arrive à la fin de son tribunat, Caius Gracchus jouit
d'un pouvoir sans précédent et d'une popularité exceptionnelle.*

Le peuple portait Caius aux nues, et était prêt à tout
faire pour lui témoigner son dévouement. Un jour, au
cours d'une harangue, Caius annonça qu'il demanderait
aux citoyens une faveur qu'il mettait au-dessus de tout,
tout en se gardant de leur faire aucun reproche s'il ne
l'obtenait pas. On comprit ces mots comme exprimant le
souhait de devenir consul, et tout le monde crut qu'il allait
briguer à la fois le consulat et le tribunat[4]. Mais, la date
des élections consulaires étant arrivée, on le vit, au milieu
de l'attente générale, amener Caius Fannius au Champ de
Mars et soutenir avec ses amis la candidature de celui-ci[5].
C'était là un appoint considérable pour Fannius, qui fut
élu consul. Caius fut nommé tribun pour la seconde fois,

---

3. Un stade équivaut à 185 mètres, un mille à 1 478,80 mètres.
4. Il aurait bien entendu été impossible à Caius Gracchus d'occuper les deux magistratures à la fois. Le cumul des fonctions est
interdit car totalement contraire au fonctionnement de la République
romaine : le tribun incarne toujours, vis-à-vis du consul, une forme
de contre-pouvoir.
5. Caius Fannius avait participé au siège de Carthage aux côtés
de Tiberius Gracchus (cf. *supra*, p. 24). Il s'agit donc d'un partisan de
longue date et ancien collaborateur des Gracques. Il est élu consul en
122 (cf. Annexe 4, p. 157).

sans avoir postulé ni brigué cette charge, par la seule faveur
du peuple.

Plutarque, *Vie de Caius Gracchus*, 8, 1-2.

Devant la réélection de Caius Gracchus, le Sénat se décide à
agir...

Le Sénat, craignant qu'il ne devînt tout à fait invincible, essaya de détourner de lui le peuple par un moyen
nouveau et sans précédent : ce fut de capter à son tour
la faveur de la foule en la flattant au mépris de l'intérêt
général. Il y avait parmi les collègues de Caius un homme
qui ne le cédait par la naissance et l'éducation à aucun des
Romains, Livius Drusus[6] ; par son caractère, son éloquence
et sa richesse il pouvait rivaliser sur tous ces points avec
les citoyens les plus considérés et les plus puissants. C'est
à lui que les principaux notables eurent recours ; ils l'invitèrent à se joindre à eux pour s'en prendre à Caius, mais
sans violence et sans heurter la foule, en gouvernant au
contraire de manière à plaire à celle-ci et à lui faire des
concessions qu'il eût été convenable de lui refuser en s'at-
tirant sa haine.

Plutarque, *Vie de Caius Gracchus*, 8, 4-6.

Le Sénat persuada un autre tribun, Livius Drusus, d'opposer son veto aux lois de Caius Gracchus, sans d'ailleurs
préciser au peuple ses raisons. La loi permet en effet au
magistrat qui oppose son veto de n'avoir même pas besoin
de préciser ses raisons.

Appien, *Guerres civiles*, 1, 23.

6. Tribun en 122 et consul en 112, Marcus Livius Drusus, déclare
Cicéron, « s'était distingué par la force de son éloquence et par son
grand caractère » (*Brutus*, 28).

Dans ce dessein, Livius mit donc son tribunat à la disposition du Sénat, et proposa des lois sans tenir compte du bien, ni de l'utile, mais en songeant uniquement à surpasser Caius en faveurs et complaisances à l'égard de la multitude et à lutter avec lui de zèle et d'empressement, comme dans une comédie. Par là le Sénat laissa voir très clairement que ce n'étaient pas tellement les actes politiques de Caius qu'il réprouvait, mais que c'était l'homme lui-même qu'il voulait absolument abattre ou rabaisser.

Plutarque, *Vie de Caius Gracchus*, 9, 1-2.

Le Sénat, décidé à lutter contre Caius Gracchus en usant des mêmes armes que lui, redouble de démagogie.

Caius avait proposé l'envoi de deux colonies en faisant appel aux citoyens les plus honnêtes, et on l'avait accusé de démagogie ; Livius proposa d'en créer douze en envoyant trois mille indigents[7] dans chacune d'elles, et les sénateurs l'appuyèrent. Caius avait distribué des terres aux pauvres en astreignant chacun à verser une redevance au trésor public, et l'on s'était indigné en disant qu'il flagornait le peuple ; Livius dégreva les exploitants de cette imposition, et ils l'approuvèrent. Ils avaient aussi trouvé mauvais que Caius accordât l'égalité de suffrage aux Latins, et ils soutinrent la loi par laquelle Livius interdisait de frapper de verges un Latin, fût-ce même à l'armée[8]. D'ailleurs Livius ne manquait pas de dire lui-même dans ses harangues que les mesures proposées par lui l'étaient en accord avec le Sénat, plein de sollicitude pour la foule. Il n'y eut du reste que cela d'utile dans sa politique : le peuple se montra plus doux à l'égard du Sénat ; alors qu'aupara-

---

7. Les *capite censi*, citoyens pauvres, ne jouissant d'aucune propriété foncière.

8. La stratégie politique de Caius et de ses alliés consiste donc à étendre aux Latins les droits jusqu'ici réservés aux citoyens romains.

vant il suspectait et détestait les nobles, Livius diminua et apaisa cette rancune et cette hostilité, en faisant croire que c'était à l'instigation du Sénat qu'il voulait plaire au peuple et le satisfaire.

Plutarque, Vie de Caius Gracchus, 9, 3-7.

Le Sénat effectue une manœuvre subtile : pour s'attirer le soutien des plébéiens pauvres, il souligne les mesures faites par Caius Gracchus dans l'intérêt, non du peuple, mais des citoyens riches. Le jeune tribun avait en effet renforcé le pouvoir judiciaire des chevaliers et créé un certain nombre de colonies côtières en Italie (notamment Tarente et Squillace), encourageant ainsi le commerce avec le reste de l'Italie et favorisant donc l'implantation locale de nombreux riches commerçants. Toutes ces mesures avaient, d'une certaine façon, éloigné Caius Gracchus de son électorat premier.

Livius Drusus, piloté par le Sénat, se présente dès lors comme le seul véritable défenseur des proletarii *(citoyens appartenant aux classes les moins aisées de la société romaine).*

En mars 122, Caius Gracchus tente, tant bien que mal, de retrouver l'adhésion du peuple en participant à la création d'une nouvelle colonie sur le site de Carthage.

Ayant échoué dans sa tentative de capter la faveur populaire, Gracchus s'embarqua pour l'Afrique avec Fulvius Flaccus qui, après son consulat, avait lui aussi choisi d'exercer le tribunat pour le motif suivant[9]. En raison de sa réputation de fertilité, on avait décidé de fonder une colonie en Afrique, et c'était précisément eux que l'on avait choisis comme fondateurs afin que, durant leur absence, le Sénat se remît un moment de leur agitation démagogique.

Appien, Guerres civiles, 1, 24.

9. Il s'agit du même Marcus Fulvius Flaccus que nous avons croisé aux côtés de Tiberius Gracchus. Cf. *supra*, p. 74, note 2.

Drusus profita de son absence pour s'en prendre à lui plus violemment encore, tout en circonvenant et s'attachant le peuple surtout par ses attaques contre Fulvius. Ce Fulvius était un ami de Caius et avait été choisi avec lui pour répartir les terres, mais c'était un homme turbulent, ouvertement détesté du Sénat, et même suspect à l'autre parti, qui le soupçonnait de créer de l'agitation parmi les alliés et d'inciter secrètement les Italiotes à faire défection.

Plutarque, *Vie de Caius Gracchus*, 10, 2-3.

En s'intéressant à l'Afrique du Nord pour y fonder une colonie, Caius Gracchus semble vouloir se réapproprier l'adhésion du peuple, mais également orienter la politique romaine vers de nouveaux territoires (en encourageant, par exemple, les échanges commerciaux avec la Méditerranée).

Mais le site de Carthage avait été maudit lors de la destruction de la ville par Scipion Émilien en 146[10]. Les mauvais présages se multiplient durant la construction de la nouvelle colonie...

Gracchus et Fulvius dessinaient le plan de la cité où s'installerait la colonie, à l'endroit même où s'élevait autrefois Carthage, sans se soucier du fait que Scipion, à l'époque où il détruisait celle-ci, avait maudit son sol, voué à servir à tout jamais de pâturage aux moutons.

Appien, *Guerres civiles*, 1, 24.

On raconte que les dieux leur suscitèrent de nombreux obstacles : la première enseigne fut enlevée par le vent, malgré la vigoureuse résistance de celui qui la portait, et finalement brisée[11] ; un ouragan dispersa les entrailles

10. Cf. *supra*, p. 24-25.
11. Lors de la fondation d'une nouvelle colonie, une procession de colons avait lieu, au cours de laquelle un *signifer* ou porte-enseigne affichait, surmontant une hampe, l'enseigne ou *vexillum* des fondateurs de la ville.

des victimes posées sur l'autel et les entraîna au-delà des
bornes de l'enceinte tracée pour la nouvelle ville[12] ; enfin
ces bornes elles-mêmes furent arrachées par des loups qui
survinrent et qui les emportèrent au loin.

Plutarque, *Vie de Caius Gracchus*, 11, 1-2.

Ayant été informés que des loups avaient arraché et
dispersé les jalons plantés par Gracchus et Fulvius, les
augures consultés répondirent qu'une colonie ne pouvait
être fondée dans cette contrée.

Appien, *Guerres civiles*, 1, 24.

*Caius Gracchus est sans doute resté en Afrique entre mars et
juin 122. Sans se préoccuper des mauvais augures, il mène à bien la
tâche qu'il s'est fixée et donne à sa nouvelle ville le nom de Junonia.
Il s'agit de la première colonie fondée en dehors de l'Italie, ce qui
ouvre de nouvelles perspectives, à la fois politiques et économiques,
pour l'État romain.*

*Mais lors de son retour à Rome, Caius Gracchus se heurte de
nouveau aux manœuvres politiciennes du Sénat, ainsi que, pour la
première fois, à une certaine lassitude de la part du peuple...*

Lorsqu'il rentra à Rome, soixante-dix jours en tout après
son départ, il apprit que Fulvius était harcelé par Drusus
et que la situation exigeait sa présence. En effet, si Lucius
Opimius, homme du parti oligarchique et influent dans le
Sénat[13], avait échoué précédemment dans sa candidature

---

12. Des entrailles d'animaux sacrifiés étaient traditionnellement
déposées sur un autel avant que ne soient tracées, à l'aide d'une charrue,
les limites de la nouvelle ville.

13. Lucius Opimius était déjà responsable de la destruction de
Fregellae en 125. On a vu que le Sénat avait tenté d'impliquer Caius
Gracchus dans la résistance à cette destruction (cf. *supra*, p. 100). La
discorde entre les deux hommes n'est donc pas nouvelle. Opimius
sera élu consul en 121 (cf. Annexe 4, p. 157).

au consulat, parce que Caius, en mettant Fannius en avant, l'avait fait écarter, on pensait alors qu'Opimius, soutenu par un parti nombreux, allait être élu consul, et, une fois en place, s'efforcerait d'abattre Caius, dont la puissance en quelque sorte s'exténuait, parce que le peuple était rassasié des mesures démagogiques proposées pour lui plaire par une foule de gens et volontiers acceptées par le Sénat.

Plutarque, *Vie de Caius Gracchus*, 11, 3-5.

LA CHUTE

122-121

La guerre politique se poursuit à Rome entre le Sénat et Caius.
Mais celui-ci, sentant que la disposition du peuple à son égard a
changé, cède de plus en plus à son tempérament emporté...

À son retour de Junonia, il quitta d'abord sa maison
du Palatin pour s'établir dans un quartier plus populaire,
au-dessous du Forum, où habitaient la plupart des gens
modestes et pauvres. Puis il exposa le reste de ses projets
de loi dans l'intention de les faire voter. Comme la foule
se rassemblait de toutes parts autour de lui, le Sénat
persuada le consul Fannius de chasser tout ce monde
à l'exception des Romains. Une proclamation extraordinaire et inouïe interdit donc à tous les alliés, s'ils
restaient, de les secourir. Cependant il ne les soutint pas,
car voyant un de ses hôtes et amis traînés en prison par les
licteurs[1] de Fannius, il passa outre sans lui porter assistance, soit qu'il craignît de faire apparaître le déclin déjà
sensible de sa puissance, soit qu'il ne voulût pas, comme
il le dit, fournir lui-même à ses ennemis l'occasion qu'ils
cherchaient d'une échauffourée et d'un combat. Il lui
arriva aussi d'irriter ses collègues pour la cause que voici :
le peuple devait assister à un combat de gladiateurs au
Forum, et la plupart des magistrats avaient fait dresser
des tribunes à l'entour pour les louer. Caius leur enjoignit
de les enlever pour que les pauvres pussent disposer des

---

1. Dans la Rome républicaine, les licteurs sont, en quelque sorte,
la garde rapprochée de certains magistrats (essentiellement les préteurs
et les consuls).

lieux et voir le spectacle gratuitement ; comme personne ne l'écoutait, il attendit la nuit qui précédait les jeux, et, prenant sous ses ordres tous les ouvriers qu'il put trouver pour ce travail, il fit disparaître les tribunes et, le lendemain matin, il montra au peuple la place dégagée.

Plutarque, *Vie de Caius Gracchus*, 12, 1-7.

Il est intéressant de voir, à partir du milieu de l'année 122, Caius Gracchus mener une action de moins en moins soutenue par les autres tribuns et occuper une place de plus en plus marginale dans le système politique romain. En juillet, lors des nouvelles élections au tribunat, il paie les frais de son audace et de son intempérance.

Ses collègues jugeaient Caius excessif et violent. C'est, semble-t-il, ce qui lui fit manquer son troisième tribunat : on dit qu'il avait obtenu la majorité des suffrages, mais que ses collègues, en proclamant les résultats, les auraient injustement et honteusement falsifiés ; cependant cela a été contesté. En tout cas, Caius fut très affecté de son échec, et, comme ses ennemis riaient de lui, il leur lança, à ce que l'on raconte, avec une insolence outrée :

— Vous riez d'un rire sardonique, faute de voir dans quelle obscurité ma politique vous a plongés !

Plutarque, *Vie de Caius Gracchus*, 12, 7-8.

Le mois de juillet 122 constitue donc une date mémorable pour le parti oligarchique : Caius Gracchus, devenu simple privatus[2], *est enfin écarté de toute responsabilité politique. Les* optimates *savent qu'ils viennent d'emporter une bataille décisive. Ils poursuivent leur série de victoires électorales en faisant élire, au mois*

---

2. Non-magistrat.

de décembre, leurs deux candidats au consulat : Lucius Opimius et Quintus Fabius Maximus[3].

La débâcle est totale pour Caius Gracchus. D'autant que le Sénat, jouissant de nouveau d'un pouvoir qu'il sait ne pas être menacé, propose aussitôt la révocation de plusieurs de ses lois et d'une bonne partie du travail effectué à Carthage l'année précédente[4].

Quand ses ennemis eurent fait nommer Opimius, ils entreprirent d'abroger plusieurs de ses lois et mirent en questions les dispositions prises pour Carthage, dans l'intention de l'irriter et de trouver dans ce qu'il ferait sous l'empire de la colère un prétexte pour le tuer.

Plutarque, *Vie de Caius Gracchus*, 13, 1.

Sous couvert de suprématie électorale, le Sénat assume donc son intention véritable : tuer Caius Gracchus. Ce dernier connaît le sort qui l'attend. Il sait également qu'il doit honorer la tradition familiale et qu'il ne peut s'y dérober.

— Pauvre de moi, où puis-je aller ? quel asile me reste-t-il ? Le Capitole ? il est inondé du sang de mon frère. Ma maison ? j'y verrais ma pauvre mère fondre en larmes et mourir de douleur.

---

3. Il s'agit du même Quintus Fabius Maximus que celui contre qui Caius Gracchus s'était élevé en 123 dans l'affaire du blé d'Espagne (cf. *supra*, p. 113 et Annexe 4, p. 157). Il était généralement d'usage que les deux consuls soient issus, l'un des classes patriciennes, l'autre de la plèbe. Le fait d'avoir fait élire deux consuls appartenant tous deux au parti oligarchique est une victoire importante pour le Sénat et les patriciens.

4. Le Sénat rappelle ainsi au peuple, toujours sensible aux signes divins, que le site avait été maudit par Scipion Émilien et que Caius Gracchus, ne daignant pas écouter les augures, avait exposé la ville à cette malédiction.

Son regard, sa voix, son geste, au dire de chacun, étaient si touchants, que ses ennemis eux-mêmes en versèrent des pleurs[5].

Cicéron, *De l'orateur*, 3, 56.

---

5. On reconnaît là le génie rhétorique de Caius Gracchus. Son discours fait référence à la *Médée* d'Euripide : « Où dois-je aller ? Dans la demeure de mon père ? / Pour toi je l'ai trahie, ainsi que la patrie ! / Chez les hostiles Péliades ? Elles sauraient / Me recevoir, moi, meurtrière de leur père ! » (Euripide, *Médée*, v. 502-505). Par cette référence, Caius s'assume ouvertement comme un personnage de tragédie, tiraillé entre sa noble ambition et l'inéluctabilité de son destin.

LES TROIS JOURS

Juin 121

À l'été 121, Caius Gracchus est sommé par le Sénat de se justifier de son action en Afrique du Nord. Il se rend sur le Capitole et s'apprête à expliquer au peuple et aux optimates *les raisons de son action. C'est alors, parmi la foule, que tout bascule...*

Le Sénat convoqua une assemblée du peuple où il avait l'intention de faire abroger la loi relative à l'établissement de Junonia. [...] Les plus audacieux des plébéiens se mirent du parti de Gracchus et Fulvius ; et, armés de petits glaives, ils se rendirent dans le Capitole, où l'on devait s'assembler pour prononcer sur le sort de la colonie.

Appien, Guerres civiles, 1, 24.

Gracchus se montra d'abord patient, puis, excité par ses amis et surtout par Fulvius, il commença à rassembler de nouveau des gens à opposer au consul. On dit même qu'en cette circonstance sa mère s'associa à ses projets séditieux, qu'elle soudoya secrètement des étrangers et les fit venir à Rome, déguisés en moissonneurs ; on prétend que cela est écrit d'une manière voilée dans les billets adressés à son fils. Mais d'autres disent au contraire que Cornelia fut très mécontente de ces manœuvres. Quoi qu'il en soit, le jour où Opimius devait faire casser les lois de Caius, dès l'aurore les deux partis occupèrent le Capitole.

Plutarque, Vie de Caius Gracchus, 13, 1-3.

Le peuple était déjà assemblé et Fulvius commençait à prononcer un discours sur l'affaire lorsque Gracchus monta au Capitole sous la protection armée de ceux qui étaient de connivence avec lui. Mais, troublé par la mauvaise conscience comme qui nourrit des projets monstrueux, il s'éloigna du lieu de réunion des comices et se rendit au portique où il faisait les cent pas, surveillant l'évolution de la situation.

Appien, *Guerres civiles*, 1, 25.

Opimius offrit un sacrifice[1]. Un de ses licteurs, Quintus Antyllius, alors qu'il transportait ailleurs les entrailles des victimes, dit à Fulvius et aux siens :
– Faites place aux honnêtes gens, mauvais citoyens.
Certains racontent qu'en parlant ainsi il étendit son bras nu comme pour faire un geste insultant.

Plutarque, *Vie de Caius Gracchus*, 13, 3.

Voyant Gracchus dans un grand état d'agitation, un plébéien nommé Antyllius, qui offrait un sacrifice sous le portique, lui prit la main et, soit qu'il eût appris ou soupçonné quelque chose, soit qu'il eût été amené à lui adresser ce propos sans intention particulière, il lui demanda d'épargner la Patrie. Encore plus perturbé et saisi de crainte à la pensée qu'il était démasqué, Gracchus transperça cet homme du regard. Et l'une des personnes présentes, alors qu'aucun signal n'avait été élevé et qu'aucun ordre n'avait encore été donné, se fondant sur la seule acuité du coup d'œil lancé par Gracchus à Antyllius, conjectura que le moment d'agir était désormais arrivé et, se figurant qu'il ferait réellement plaisir à Gracchus en étant le premier à commencer la besogne, le voilà qui tire son poignard et règle son compte à Antyllius !

Appien, *Guerres civiles*, 1, 25.

1. Nous assistons ici à une réunion des *comices tributes*, laquelle est précédée, selon la coutume, d'un sacrifice de prise d'auspices effectué par le consul. Si l'avis des dieux est interprété comme favorable, la réunion a lieu. Sinon, elle est reportée.

Caius est frappé par la malchance. Le meurtre d'un des licteurs du consul est un acte d'une gravité exceptionnelle. Aussitôt, la panique s'empare de la foule.

Il y eut des cris et, à la vue du cadavre gisant en plein portique, tous dévalèrent promptement du sanctuaire, par crainte de subir un sort identique. Gracchus, qui s'était rendu sur le Forum, voulait rendre compte au peuple de ce qui s'était passé. Mais personne ne soutenait seulement sa vue et tous se détournaient de lui comme d'un homme voué aux dieux infernaux.

Appien, *Guerres civiles*, 1, 25.

Caius, mécontent, reprocha à ceux qui l'entouraient d'avoir fourni aux adversaires le prétexte qu'ils cherchaient depuis longtemps.

Plutarque, *Vie de Caius Gracchus*, 13, 5.

Au point du jour, le consul réunit le Sénat et tint séance à l'intérieur de la Curie, tandis que des gens exposaient sur un lit le corps nu d'Antyllius et, à dessein, le transportaient à travers le Forum jusque devant la Curie, en poussant plaintes et gémissements. Opimius savait ce qui se passait, mais il fit semblant d'être étonné, de sorte que les sénateurs sortirent pour voir. Le lit funèbre ayant été déposé bien en vue, ils se lamentèrent comme en présence d'un grand et terrible malheur. Ce spectacle ne fit au contraire que ranimer la haine et la réprobation de la foule contre les oligarques, à la pensée qu'ils avaient tué eux-mêmes au Capitole Tiberius Gracchus, bien qu'il fût tribun, et qu'en outre ils avaient jeté son cadavre à l'eau, tandis que le licteur Antyllius, qui peut-être n'avait pas mérité son sort, mais qui tout de même en avait été le principal artisan, était exposé au Forum, que le Sénat romain l'entourait en gémissant et suivait le convoi d'un employé avec l'espoir de faire périr le dernier défenseur du peuple. Ensuite les sénateurs, revenus à la Curie, votèrent le décret qui prescrivait au consul Opimius de sauver la République par tous les moyens et d'exterminer les tyrans.

Plutarque, *Vie de Caius Gracchus*, 1-3.

Au deuxième jour des émeutes, le Sénat prend donc une décision historique et, devant les circonstances extraordinaires, décrète un senatus consultum ultimum[2]. *Le Sénat, pour assurer le salut de l'État, ordonne la mort de Caius Gracchus et de ses partisans.*
La guerre civile a commencé.

Lucius Opimius enjoignit aux sénateurs de prendre les armes et donna l'ordre aux chevaliers d'amener chacun avec lui à l'aube deux serviteurs armés. De son côté, Fulvius fit ses préparatifs et assembla la foule. Caius, lui, en revenant du Forum, s'arrêta devant la statue de son père, la regarda longuement sans mot dire, et s'en alla après avoir pleuré et gémi. Beaucoup de ceux qui le virent le prirent en pitié ; se reprochant d'avoir abandonné et trahi un tel homme, ils le suivirent à sa maison et passèrent la nuit à sa porte, mais autrement que ceux qui gardaient Fulvius. Ceux-ci en effet ne firent que boire, en criant, vociférant et se livrant à des fanfaronnades. Quant à Fulvius, il fut le premier à s'enivrer et à s'abandonner à des propos et à des actes indignes de son âge. Les amis de Caius, au contraire, comme à la veille d'un malheur commun à toute la patrie, se tinrent en repos, la pensée tournée vers l'avenir, et ils passèrent la nuit à veiller et à dormir à tour de rôle.

2. Il s'agit du premier *senatus consultum ultimum* de l'histoire romaine. Ce décret, utilisé uniquement en cas d'extrême urgence, suspend le gouvernement civil et accorde au consul des pouvoirs semi-dictatoriaux.

Au point du jour[3], Fulvius ayant été éveillé à grand-peine du sommeil de l'ivresse par ses amis, ils s'équipèrent avec le butin de guerre qu'il gardait dans sa maison et qui provenait de sa victoire remportée, lorsqu'il était consul, sur les Gaulois[4], puis ils se mirent en marche en proférant des cris et des menaces pour aller occuper la colline de l'Aventin. Caius, lui, ne consentit pas à s'armer ; il quitta sa maison en toge, comme s'il se rendait au Forum, n'ayant qu'un petit poignard glissé à sa ceinture. Comme il sortait, sa femme l'arrêta sur le seuil de la porte, se jeta à ses pieds, et, le tenant d'un bras, tandis que, de l'autre, elle tenait son petit enfant :

– Ce n'est point pour monter à la tribune, Caius, dit-elle, que je te vois partir comme naguère en tribun et en législateur, ni pour aller faire une guerre glorieuse, où, s'il t'arrivait un malheur commun à tous les hommes, tu me laisserais du moins un deuil entouré d'honneurs. Non, tu te livres toi-même aux assassins de Tiberius, sans armes, ce qui est beau, afin de subir le mal plutôt que de le commettre, mais tu mourras sans aucun profit pour l'État. Déjà le pire triomphe : c'est par la violence et par le fer que se règlent les procès. Si ton frère était tombé à Numance, une trêve nous aurait rendu son corps. Peut-être irai-je moi aussi supplier un fleuve ou la mer pour qu'ils me montrent où ils gardent le tien. Car comment se fier encore aux lois ou aux dieux, après le meurtre de Tiberius ?

Comme Licinia exhalait ces plaintes, Caius se dégagea doucement de son étreinte et s'éloigna en silence avec ses amis. Elle s'efforça de le retenir par son vêtement, puis

3. Nous sommes donc au troisième et dernier jour des émeutes.

4. En 125, Marcus Fulvius Flaccus avait défendu Massalia (Marseille), colonie phocéenne alliée de Rome, contre les attaques de cités gauloises voisines.

s'écroula sur le sol et resta longtemps étendue sans voix, jusqu'à ce que ses serviteurs vinssent la relever, évanouie.

Plutarque, *Vie de Caius Gracchus*, 14, 4-15, 5.

Les adieux poignants de Licinia à Caius, qui ne sont pas sans rappeler les adieux d'Andromaque à Hector dans l'Iliade[5], sont de l'invention de Plutarque. La scène souligne pourtant une réalité historique souvent méconnue : le rôle prépondérant de l'épouse dans la carrière publique romaine et l'implication des femmes puissantes dans les réalités politiques de leur époque[6].

Ne cédant pas aux lamentations de Licinia, Caius Gracchus rejoint ses partisans sur l'Aventin...

Le Sénat invita Gracchus et Flaccus à quitter leur demeure pour se rendre à la Curie afin de se justifier. Mais eux sortirent de chez eux en armes pour se précipiter vers le mont Aventin, avec l'espoir que, s'ils s'en emparaient les premiers, le Sénat leur ferait quelque concession pour arriver à composition avec eux. Et tout en courant ils appelaient à eux les esclaves en leur promettant la liberté. Aucun d'entre eux ne les écoutait ; quant à eux, avec la poignée de partisans qui les entourait, ils s'emparèrent du temple de Diane et le fortifièrent.

Appien, *Guerres civiles*, 1, 26.

Fulvius, quand tous ses partisans furent rassemblés, envoya au Forum, sur le conseil de Caius, son plus jeune fils avec un caducée de héraut à la main[7]. C'était un très bel adolescent, et alors, avec une contenance modeste et respectueuse, les larmes aux yeux, il fit au consul et au Sénat

5. Homère, *Iliade*, VI, 390.
6. De la même façon que nous avons vu l'importance de la matrone romaine dans l'imaginaire politique romain (cf. *supra*, p. 103-104).
7. Caducée de paix, composé d'un rameau d'olivier couronné de feuilles ou de laine.

des propositions en vue d'un accord. La plupart de ceux qui se trouvaient là accueillirent volontiers l'idée d'une entente, mais Opimius déclara qu'il ne convenait pas d'envoyer des messagers pour tenter de persuader le Sénat, et que les citoyens qui avaient des comptes à rendre devaient descendre pour se faire juger et se livrer eux-mêmes, seul moyen de fléchir la colère qu'ils avaient encourue. Puis il dit au jeune homme de ne revenir que pour accepter ces conditions, sinon de rester auprès des siens. Alors Caius voulut, dit-on, se rendre auprès des sénateurs pour essayer de les convaincre, mais aucun de ses amis n'y consentit, et Fulvius envoya de nouveau son fils porter en leur nom des propositions semblables aux premières. Mais Opimius, pressé d'engager la bataille, arrêta aussitôt le jeune homme et le plaça sous bonne garde, puis il marcha sur les gens de Fulvius avec un corps nombreux de fantassins et d'archers crétois. Ce furent ces derniers surtout qui, en frappant les adversaires de leurs flèches et en les couvrant de blessures, les mirent en déroute. Après cette défaite, Fulvius se réfugia dans un établissement de bains désaffecté, où il fut bientôt découvert et égorgé avec son fils aîné[8].

Plutarque, *Vie de Caius Gracchus*, 16, 1-5.

Caius, abandonné par la plèbe, sait sa dernière heure proche. Quelques amis continuent, désespérément, de le protéger.

Quant à Caius, personne ne le vit combattre. Horrifié de ce qui se passait, il se retira dans le sanctuaire de Diane ; là,

---

8. Appien donne une version quelque peu différente de la mort de Fulvius : « Fulvius se réfugia dans la boutique de quelqu'un de sa connaissance. Ceux qui eurent ordre de le poursuivre, ne sachant point distinguer la maison où il s'était caché, menacèrent de mettre le feu à tout le quartier. Celui qui lui avait donné asile hésita à le dénoncer, mais il chargea quelqu'un de le faire à sa place. Fulvius fut donc saisi et égorgé » (*Guerres civiles*, 1, 26).

il voulut se tuer, mais il en fut empêché par ses amis les plus fidèles, Pomponius et Licinius, qui, se trouvant près de lui, lui enlevèrent son poignard et l'engagèrent à fuir encore. On dit qu'alors il se jeta à genoux, et, tendant les mains vers la déesse, la pria de faire en sorte que le peuple romain, en punition de son ingratitude et de sa trahison, fût à jamais esclave, car la plupart des citoyens, à la proclamation de l'amnistie, avaient visiblement changé de camp.

Dans sa fuite, Caius, poursuivi par ses ennemis, fut rejoint au pont de bois[9]. Ses deux amis le forcèrent à prendre les devants, tinrent tête eux-mêmes aux hommes lancés à sa poursuite et combattirent à l'entrée du pont sans laisser passer personne.

Plutarque, *Vie de Caius Gracchus*, 16, 5-17, 1.

L'un deux, Pomponius, chercha à faciliter sa fuite en retenant la troupe serrée de ceux qui voulaient le poursuivre, sur la porte Trigémina, par la lutte acharnée qu'il y mena un certain temps et il fut impossible de l'en écarter de son vivant : accablé de blessures en grand nombre, il ne les laissa passer que pardessus son cadavre, manifestant, je pense, même après sa mort son hostilité. Et Letorius, c'est sur le pont Sublicius qu'il prit position, le barrant jusqu'à ce que Gracchus pût le franchir, grâce à l'ardeur de son assurance ; puis quand déjà la pression de la foule l'écrasait, il retourna son épée contre lui-même et d'un saut rapide se lança au fond du Tibre ; ainsi le dévouement que sur ce pont la patrie tout entière avait vu Horatius Coclès manifester pour elle[10], il l'a offert à l'amitié d'un seul homme, en y ajoutant une fin volontaire.

Valère Maxime, *Faits et dits mémorables*, 4, 7, 2.

---

9. Il s'agit du pont Sublicius, le plus ancien pont de Rome.
10. Horatius Coclès est un héros légendaire romain dont il est dit qu'il défendit la ville contre une armée étrusque seul sur le pont Sublicius en 507 av. J.-C.

Alors Caius, toujours fuyant, n'avait plus qu'un seul compagnon, un esclave nommé Philocratès ; tous les autres, comme dans une compétition, l'encourageaient, mais aucun ne le secourut et ne voulut lui procurer le cheval qu'il demandait, car ceux qui le poursuivaient le serraient de près. Cependant il les devança un peu et se réfugia dans un bois consacré aux Furies[11], où il fut tué par Philocratès, qui se tua lui-même sur son cadavre.

Plutarque, *Vie de Caius Gracchus*, 17, 2-3.

Ainsi se terminent les événements de 121 qui mirent Rome en émoi trois jours durant. Caius refusa jusqu'à la fin de se rendre au Sénat. La loyauté de Philocratès envers son maître resta longtemps célèbre à Rome.

Caius Gracchus, pour éviter de tomber au pouvoir de ses ennemis, a chargé son esclave Philocratès de lui briser la nuque. Il le fit d'un coup bref, puis plongea l'épée d'où coulait le sang de son maître dans sa poitrine. La fermeté que cet esclave a montrée dans sa fidélité suffit à éveiller mon admiration. Car si son sang-froid avait trouvé en ce jeune homme de bonne famille quelqu'un qui pût l'imiter, celui-ci n'aurait pas eu recours au service d'un esclave, mais au sien propre, pour éviter les supplices qui l'attendaient. En réalité il a fait que le corps de Philocratès méritait plus de considération que celui de Gracchus, quand il gisait à terre.

Valère Maxime, *Faits et dits mémorables*, 6, 8, 3.

Après que le Sénat eut décrété l'état d'urgence, Opimius avait mis à prix la tête du dissident. C'est un ancien proche de Caius qui la lui apporte...

---

11. Le *lucus Furrinae*, sur la rive droite du Tibre.

Mais si jamais homme fut jusqu'au fond du cœur possédé de cette passion [la cupidité], c'est bien Septimuleius. Après avoir été l'ami intime de Caius Gracchus, il eut le courage de lui couper la tête et de la porter dans les rues de Rome au bout d'une lance, le consul Opimius ayant promis par édit de la payer au poids de l'or. Quelques auteurs racontent que Septimuleius en avait vidé une partie et que, pour la rendre plus pesante, il l'avait remplie de plomb fondu. Que Gracchus ait été un séditieux, que sa mort ait été un juste châtiment, ce n'était pas cependant une raison pour que l'exécrable avidité d'un client pût aller jusqu'à outrager ainsi son cadavre.

Valère Maxime, *Faits et dits mémorables*, 9, 4, 3.

On mit la tête de Caius Gracchus sur une balance et l'on trouva qu'elle pesait dix-sept livres et demie ; Septimuleius avait ajouté la fraude au crime : il avait retiré la cervelle et coulé du plomb à la place.

Plutarque, *Vie de Caius Gracchus*, 17, 4-5.

La cupidité, que dis-je ! la soif de l'or se changea, sans transition, en une rage véritable ; ainsi, quand Septimuleius, un ami de Caius Gracchus, porta la tête coupée de celui-ci à Opimius pour s'en faire payer le pesant d'or, il introduisit du plomb dans la bouche et escroqua même la République dans son parricide.

Pline l'Ancien, *Histoire naturelle*, 33, 14.

Le corps de Caius rejoint celui de son frère Tiberius, mort douze ans plus tôt.

Comme on l'avait fait précédemment pour celui de Tiberius Gracchus, les vainqueurs, avec une extraordinaire cruauté, jetèrent dans le Tibre le corps de Caius.

Velleius Paterculus, *Histoire romaine*, 2, 6.

BILAN

*Trois mille corps jetés dans le Tibre : c'est ainsi que se termine
la sédition de Caius Gracchus[1], ainsi que s'achève la « révolution »
des Gracques. Le Sénat, persuadé d'avoir sauvé l'État romain,
ne doute pas d'avoir agi justement. Cicéron, une cinquantaine
d'années après les événements de 121, défend l'action d'Opimius et
du parti oligarchique.*

Ce que le sénat avait ordonné par son décret, Opimius
le fit par ses armes. Si tu vivais alors, irais-tu juger irré-
fléchi ou cruel ce citoyen ? [...] Auriez-vous condamné
cette foule d'hommes illustres, qui prirent les armes avec
le consul, et poursuivirent Gracchus jusque sur l'Aventin ?
Dans le combat, Lentulus reçut une grave blessure, Gracchus fut mis à mort, ainsi que le consulaire Fulvius et ses
deux fils adolescents. Ces hommes méritent d'être blâmés
car ils n'ont pas voulu le salut de tous les citoyens.

Cicéron, Philippiques, 8, 4.

*Après la mort de Caius Gracchus, les optimates persécutent tous
ceux qui s'étaient rangés, lors des tribunats de 123 et de 122, du
côté des révolutionnaires.*

On vendit leurs biens au profit du trésor public ; on
défendit à leurs veuves de porter le deuil, et celle de Caius,
Licinia, se vit même confisquer sa dot. On se comporta avec
la dernière cruauté à l'égard du plus jeune fils de Fulvius :
il n'avait levé la main sur personne et ne s'était pas trouvé
dans la bataille ; on l'avait arrêté comme il venait pour
traiter avant le combat ; on le tua après le combat. Mais

---

1. Plutarque, *Vie de Caius Gracchus*, 17, 6 : « Il y avait trois
mille tués. »

ce qui indigna le peuple plus encore que la mort de ce
jeune homme et de tous les autres, ce fut la construction
par Opimius d'un sanctuaire de la Concorde ; en effet il
semblait ainsi s'enorgueillir, se vanter et, pour ainsi dire,
triompher du meurtre de tant de citoyens. Aussi écrivit-on
de nuit sous la dédicace du temple ce vers : « La Discorde
bâtit ce temple à la Concorde. »

Plutarque, Vie de Caius Gracchus, 17, 7-9.

*Le peuple ne pardonna jamais à Opimius d'avoir usé de ses pleins
pouvoirs et d'avoir commandité la mort de Caius Gracchus…*

Opimius, qui fut le premier à avoir eu, étant consul,
le pouvoir d'un dictateur et qui avait fait tuer sans jugement, outre trois mille citoyens, Caius Gracchus et Fulvius
Flaccus – celui-ci, personnage consulaire et triomphateur,
celui-là, le premier des hommes de son temps par le mérite
et la renommée – ne s'abstint pas de prévariquer : envoyé
en ambassade au Numide Jugurtha, il se laissa corrompre
par lui à prix d'argent[2], et, après avoir été ignominieuse-
ment condamné pour vénalité, il vieillit privé de ses droits
civiques, haï et méprisé par le peuple, qui, pendant les
événements, avait été déprimé et abattu, mais qui, peu
après, fit voir combien il aimait et regrettait les Gracques.
Il leur éleva des statues en les dressant dans un lieu public
et consacra les endroits où ils avaient été tués ; on y offrait
les prémices des fruits de chaque saison ; beaucoup même
y faisaient chaque jour des sacrifices et venaient souvent s'y
prosterner comme devant les sanctuaires des dieux.

Plutarque, Vie de Caius Gracchus, 18, 1-3.

---

2. La Numidie est un royaume d'Afrique du Nord ayant mené
contre Rome, entre 112 et 105, une guerre restée célèbre sous le
commandement de Jugurtha. L'ambassade d'Opimius auprès de ce
dernier date probablement de 116.

Quant à Cornelia, elle demeure, après la mort de ses deux fils, un modèle de noblesse et s'impose comme une figure du stoïcisme romain.

On raconte que Cornelia supporta son malheur avec noblesse et grandeur d'âme, et qu'en parlant des endroits consacrés où ses enfants avaient été tués elle dit :
— Leurs corps ont des tombeaux dignes d'eux.
Elle passa le reste de sa vie au lieu appelé Misène[3], sans rien changer à son régime habituel. Elle avait beaucoup d'amis et une bonne table pour les accueillir. Elle était toujours entourée de Grecs et de lettrés, et tous les rois recevaient d'elle et lui envoyaient des présents. Elle était très agréable pour ses visiteurs et leur retraçait dans la conversation l'existence et la façon de vivre de son père, l'Africain ; mais ce qui étonnait le plus, c'est qu'elle évoquait sans tristesse et sans larmes le souvenir de ses enfants et, lorsqu'on le lui demandait, racontait leurs actions et leurs malheurs comme si elle parlait de héros des anciens temps.

Plutarque, Vie de Caius Gracchus, 19, 1-3.

Aux amis qui pleuraient autour d'elle en maudissant le destin qui l'accablait, elle disait :
— N'accusez pas la Fortune qui m'a donné des Gracques pour fils.

Sénèque, Consolation à Helvia, 16.

Certains pensaient que la vieillesse ou la grandeur de ses maux lui avait fait perdre la raison ou l'avait rendue insensible à ses infortunes ; mais, à la vérité, ce sont eux au contraire qui étaient insensibles en ne comprenant pas combien une heureuse nature reçue à la naissance et une bonne éducation aident les hommes contre

---

3. Misenum, port de Campanie, non loin de Naples.

l'emprise du chagrin, et en ignorant que, si la Vertu, bien qu'étant sur ses gardes contre les maux, est souvent vaincue par la Fortune, elle ne peut être empêchée par elle, une fois dans l'adversité, de supporter raisonnablement le malheur.

Plutarque, *Vie de Caius Gracchus*, 19, 4.

Le bilan de l'œuvre des Gracques est partagé : si chacun leur reconnaît d'immenses qualités (« ils furent, de tous les Romains, les mieux doués pour la vertu et reçurent une éducation et une formation excellentes », déclare Plutarque[4]), nombreux sont ceux qui leur reprochent leur trop grande ambition et l'ambiguïté qu'ils ont toujours entretenue vis-à-vis du pouvoir personnel.

Les Gracques étaient-ils des « révolutionnaires » combattant les injustices d'une République vieillissante, gangrenée par la corruption, ou étaient-ils deux ambitieux, n'hésitant devant aucune forme de démagogie, promettant des réformes impossibles[5] dans la seule intention d'arriver au pouvoir ? Comme le rappelle Aristote, « le moyen d'arriver à la tyrannie, c'est de gagner la confiance de la foule ; or, on gagne sa confiance en se déclarant l'ennemi des riches[6] ».

Les frères Gracques étaient-ils sincères dans leur démarche ou étaient-ils des tyrans en puissance ? L'histoire se referme sur cette question.

Tiberius Gracchus ébranla la stabilité de la cité ; quelle fermeté chez cet homme, quelle éloquence, quelle dignité ! au point qu'il n'eût démenti en rien les vertus éminentes et

4. Plutarque, *Comparaison d'Agis et de Cléomène et des Gracques*, 1, 2.
5. Nous avons vu les difficultés posées par la *lex Sempronia* dans son application. Tiberius les avait-il évaluées ou n'avait-il proposé cette loi que parce qu'il savait qu'elle lui octroierait l'adhésion massive des classes plébéiennes ? Réelle intention politique ou manœuvre démagogique ?
6. Aristote, *Politique*, 8, 4, 5.

exceptionnelles de son père et de son grand-père l'Africain,
s'il n'avait déserté le parti du Sénat. Il fut suivi de Caius
Gracchus : quel génie, quelle vigueur, quelle fermeté dans
l'expression ! en sorte que les gens de bien regrettaient que
de si belles qualités ne fussent pas appliquées à des pensées
et des intentions meilleures.

Cicéron, *Sur la réponse des haruspices*, 19, 41.

Lorsque Tiberius et Caius Gracchus, dont les ancêtres avaient si bien servi la République dans la guerre de
Carthage et dans mainte autre, voulurent revendiquer pour
la plèbe le droit à la liberté, et dénoncer les crimes de l'oli-
garchie, la noblesse, se sentant coupable, et par là même
alarmée, s'était servie tantôt des alliés et des Latins, tantôt
des chevaliers romains qu'elle avait détachés de la plèbe
par l'espoir d'une alliance avec elle, pour mettre obstacle à
l'action des Gracques ; et elle avait fait assassiner d'abord
Tiberius puis quelques années après Caius, qui marchait
sur les traces de son frère ; le premier était tribun de la
plèbe, l'autre triumvir pour l'établissement des colonies ;
Fulvius Flaccus avait eu le même sort. Et sans doute, les
Gracques, dans leur désir de vaincre, avaient manqué
de modération ; mais l'honnête homme doit préférer la
défaite à la victoire remportée, même sur l'injustice, par
des moyens criminels.

Salluste, *La Guerre de Jugurtha*, 42.

Ceux qui détestaient les Gracques n'avaient rien
d'autre à leur reprocher que l'excès d'une ambition innée,
et ils reconnaissaient que c'était dans le feu de la lutte et
de la colère contre leurs adversaires qu'ils s'étaient laissé
porter dans leurs actes politiques, comme poussés par un
ouragan, contrairement à leur nature, aux pires extrémités.
Qu'y avait-il en effet de plus beau et de plus juste que leur
premier projet, si les riches, abusant de leur force et de leur

puissance, n'avaient entrepris de faire repousser la loi et ne les avaient réduits tous les deux à combattre, l'un pour défendre sa vie, l'autre pour venger son frère ?

Plutarque, *Comparaison d'Agis et de Cléomène et des Gracques*, 5, 5-6.

ÉPILOGUE

Les Gracques furent-ils les victimes de leur propre popularité ?
Eux qui n'aspiraient qu'à plus de justice se prirent-ils au jeu de
l'ambition ? À propos de Caius Gracchus, Plutarque écrit : « il
songeait à reprendre sa vie tranquille ; mais ne trouvant pas des
moyens faciles de renoncer à une aussi grande autorité que celle dont
il jouissait, il fut tué avant que d'avoir pu s'en démettre[1]. »

Parfaitement doués par la nature, parfaitement élevés,
entrés dans la politique avec des intentions parfaites, ils
furent perdus moins par un désir immodéré de la gloire
que par la crainte de l'impopularité, crainte dont le motif
n'était pas sans noblesse : en grande faveur auprès de leurs
concitoyens dès le début, ils voyaient là une dette dont ils
auraient eu honte de ne pas s'acquitter. S'évertuant sans
cesse à surpasser par d'excellentes mesures politiques les
honneurs qu'ils recevaient, et honorés toujours davantage
pour leurs actes favorables au peuple, ils enflammèrent ainsi
d'une égale ambition eux-mêmes à l'égard de la foule et la
foule à leur égard, sans s'apercevoir qu'ils s'engageaient
dans des affaires où il n'était plus honnête de persévérer,
mais où il était désormais honteux de s'arrêter.

Plutarque, *Vie d'Agis*, 2, 7-8.

L'ambiguïté des Gracques vis-à-vis du pouvoir est incontes-
table. Ce sont eux, pourtant, qui réveillèrent l'opinion publique à
Rome et mirent au jour les failles du système politique républicain.
Après 121, la plèbe était redevenue une force politique active, et
le parti populaire allait prendre de plus en plus d'importance.
Nombreux furent les hommes d'État qui se réclamèrent de l'œuvre

---

1. Plutarque, *Préceptes politiques*, 798f-799a.

des Gracques. *Sylla, Marius, César : tous les grands réformateurs de la République édictèrent des lois qui reprenaient, poursuivaient, prolongeaient le travail des deux frères.*

De par l'importance qu'ils donnèrent au peuple et de par la guerre qu'ils livrèrent contre la domination d'une aristocratie corrompue, les Gracques ouvrirent une période d'insurrection civique qui ne devait se terminer qu'avec l'assassinat de César et la fin de la République.

Mais l'influence des deux petits-fils de Scipion l'Africain s'étend bien après la fin de la République romaine. Dans la seconde moitié du XVIIIe siècle français, une certaine partie de la classe politique, mécontente, prend modèle sur le parcours des deux frères et s'inspire de leur rêve.

La Révolution française est en marche...

J'ai eu pour but moral, en prenant pour patrons les plus honnêtes gens à mon avis de la République romaine, puisque c'est eux qui voulurent le plus fortement le bonheur commun ; j'ai eu pour but, dis-je, de faire pressentir que je voudrais aussi fortement qu'eux ce bonheur.

Gracchus Babeuf, *Journal de la liberté de la presse,*
n° 23, 5 octobre 1794.

Dans tous les pays, dans tous les âges, les aristocrates ont implacablement poursuivi les amis du peuple, et si, par je ne sais quelle combinaison de la fortune, il s'en est élevé quelqu'un de leur sein, c'est celui-là surtout qu'ils ont frappé, avides qu'ils étaient d'inspirer la terreur par le choix de la victime. Ainsi périt le dernier des Gracques de la main des patriciens.

[...]

Malheur aux ordres privilégiés, si c'est là plutôt être l'homme du peuple que celui des nobles : car les privilèges finiront ; mais le peuple est éternel.

Mirabeau, Discours aux états de Provence,
3 février 1789.

ANNEXES

CHRONOLOGIE

176 Mariage de Cornelia Africana et Tiberius Sempronius Gracchus.

162 Naissance de Tiberius Gracchus.

154 Naissance de Caius Gracchus. Mort de Tiberius Sempronius Gracchus.

151 Scipion Émilien tribun militaire en Espagne.

149 Troisième Guerre punique. Scipion Émilien tribun militaire en Afrique.

146 Scipion Émilien assiège, prend et détruit Carthage. Tiberius Gracchus est tribun militaire à ses côtés.

142 Scipion Émilien censeur. Début de la Guerre de Numance.

137 Défaite du consul Mancinus à Numance, en Espagne. Tiberius Gracchus, questeur militaire, contracte un traité de paix avec les Numantins.

134 Scipion Émilien élu consul. Tiberius Gracchus élu tribun du peuple pour l'année 133.

133 Tiberius Gracchus propose la *lex Sempronia*. Il est assassiné par le Sénat, piloté par Scipion Nasica, dans le Capitole. Son corps est jeté dans le Tibre.

132 Mort de Scipion Nasica.

129 Mort de Scipion Émilien.

126 Caius Gracchus questeur en Sardaigne.

125 Soulèvement de Fregellae (Frégelles).

124 Caius Gracchus élu tribun du peuple pour l'année 123.

123 Premier tribunat de Caius Gracchus. Proposition de plusieurs lois. Élu tribun pour l'année 122.

122 Second tribunat de Caius Gracchus. Entre mars et juin : fondation de Junonia, colonie romaine sur le site de Carthage. Caius échoue à être réélu tribun pour l'année 121.

121 Le Sénat vote le *senatus consultum ultimum* et autorise le consul Opimius à assassiner Caius Gracchus. Ce dernier se suicide avec l'aide de son esclave Philo-cratès. Son corps est jeté dans le Tibre.

100 Mort de Cornelia Africana, mère des Gracques.

ÉVOLUTION DÉMOGRAPHIQUE
DE LA POPULATION ROMAINE

Parmi les devoirs qui échoient au citoyen romain, le *census* a une importance particulière. Il s'agit en effet de l'obligation de se faire recenser, sous peine de perdre sa citoyenneté.

Les chiffres du *census* romain nous sont connus par des sources diverses, qui se contredisent parfois. Il convient donc, bien entendu, de regarder ces chiffres avec prudence. Les données qui nous sont parvenues, concernant notamment les conditions des recensements, ne sont pas très claires[1].

Les chiffres permettent néanmoins de constater globalement l'évolution de la citoyenneté romaine depuis les débuts de la République jusqu'à l'époque d'Auguste. On remarque notamment l'explosion démographique de la fin du IIIe siècle[2] et le soubresaut de la première moitié du IIe siècle[3], événements sociodémographiques dont nous avons vu qu'ils étaient d'une grande importance pour comprendre pleinement le projet politique des Gracques.

---

1. Certains auteurs comptent uniquement les hommes âgés de dix-sept à soixante ans, et donc susceptibles d'être mobilisés. D'autres incluent les femmes, les vieillards et les enfants.
2. Entre 208 et 204.
3. Entre 173 et 169 d'après Tite-Live.

Date[1]	Chiffre du *census*	Source
508	130 000	Denys d'Halicarnasse, *Antiquités romaines*, 5, 20
503	120 000	Jérôme, *Chronique*, 69, 1
498	157 700	Denys d'Halicarnasse, *Antiquités romaines*, 5, 75
493	110 000	Denys d'Halicarnasse, *Antiquités romaines*, 6, 96
474	103 000	Denys d'Halicarnasse, *Antiquités romaines*, 9, 36
465	104 714	Tite-Live, *Histoire romaine*, 3, 3
459	117 319	Tite-Live, *Histoire romaine*, 3, 24 ; Eutrope, *Abrégé d'histoire romaine*, 1, 16
393-392	152 573	Pline, *Histoire naturelle*, 30, 10, 16
340-339	165 000	Eusèbe, *Chronique*, 110, 1
323	150 000	Orose, *Histoires*, 5, 22, 2 ; Eutrope, *Abrégé d'histoire romaine*, 5, 9
294-293	262 321	Tite-Live, *Histoire romaine*, 10, 47
289-288	272 000	Tite-Live, *Periochae*, 11
280-279	287 222	Tite-Live, *Periochae*, 13
276-275	271 224	Tite-Live, *Periochae*, 13
265-264	292 234	Eutrope, *Abrégé d'histoire romaine*, 2, 18
252-251	297 797	Tite-Live, *Periochae*, 18
247-246	241 712	Tite-Live, *Periochae*, 19
241-240	260 000	Jérôme, *Chronique*, 134, 1
234-233	270 713	Tite-Live, *Periochae*, 20

1. D'après Claude NICOLET, *Rome et la conquête du monde méditerranéen*, t. I, Paris, PUF, 1979, p. 88-89.

209-208	137 108	Tite-Live, *Histoire romaine*, 27, 36
204-203	214 000	Tite-Live, *Histoire romaine*, 29, 37
194-193	143 704	Tite-Live, *Histoire romaine*, 35, 9
189-188	258 318	Tite-Live, *Histoire romaine*, 38, 36
179-178	258 794	Tite-Live, *Periochae*, 41
174-173	269 015	Tite-Live, *Histoire romaine*, 42, 10
169-168	312 805	Tite-Live, *Periochae*, 45
164-163	337 022	Tite-Live, *Periochae*, 46
159-158	328 316	Tite-Live, *Periochae*, 47
154-153	324 000	Tite-Live, *Periochae*, 48
147-146	322 000	Eusèbe, *Chronique*, 158, 3
142-141	322 442	Tite-Live, *Periochae*, 54
136-135	317 933	Tite-Live, *Periochae*, 56
131-130	318 823	Tite-Live, *Periochae*, 59
125-124	394 736	Tite-Live, *Periochae*, 60
115-114	394 336	Tite-Live, *Periochae*, 73
86-85	463 000	Jérôme, *Chronique*, 173, 4
70-69	910 000	Phlégon de Tralles, fr. 12, 7 ; Tite-Live, *Periochae*, 98
28	4 063 000	*Res Gestae divi Augusti*, 8, 2
8	4 233 000	*Res Gestae divi Augusti*, 8, 3
14 apr. J.-C.	4 937 000	*Res Gestae divi Augusti*, 8, 4

Magistratures[4]	Durée	Élu par
Dictature	Six mois au plus. (sous César : un an, puis dix ans, puis à vie)	Nommé par un consu sur ordre du Sénat
Consulat	Un an.	*comices centuriates*
Censure	Cinq ans. Durée des pouvoirs : dix-huit mois.	*comices centuriates*
Préture	Un an.	*comices centuriates*
Édilité	Un an.	*comices tributes*
Questure	Un an. Entrent en fonction le 5 décembre.	*comices tributes*
Tribunat de la plèbe	Un an. Entrent en fonction le 10 décembre.	*comices tributes*

N.B. : Les *comices* sont les assemblées populaires au sein desquelles vote le citoyen romain. Les *comices tributes* concernent l'ensemble des citoyens, répartis en fonction de leur tribu (c'est-à-dire de leur lieu d'habitation). Les *comices centuriates* sont composés de centuries répartissant le peuple

4. D'après Jean-Noël ROBERT, *Rome*, Paris, Les Belles Lettres, coll. « Guide Belles Lettres des civilisations », 1995, p. 98-101.

Âge minimum	Conditions	Nombre
	Avoir été consul	1
en 180 : 37 ans en 80 : 43 ans		2
44 ans.	Avoir été consul	2
en 180 : 34 ans en 80 : 40 ans	Depuis 80 : avoir été questeur	2, 4, 6 puis, en 80, 8
en 180 : 31 ans en 80 : 36 ans	Depuis 80 : avoir été questeur	4
en 180 : 28 ans en 80 : 30 ans	Dix ans de service militaire	10 en 80 : 20 en 45 : 40
27 ans	Être plébéien	10

en fonction des richesses (à l'intérieur de ces assemblées, les centuries de chevaliers, plus riches, étaient potentiellement plus puissantes que les centuries de prolétaires).

Pouvoirs spécifiques des magistrats

Dictateur : Magistrature d'abord exceptionnelle, qui deviendra plus courante à la fin de la République (cf. Sylla, Pompée et César). Le dictateur se voit confier, par le Sénat, la responsabilité de l'État romain dans sa globalité.

Consuls : Ils sont responsables de l'ensemble de la politique, convoquent et président le Sénat et les *comices centuriates*, font exécuter les décisions du Sénat et du peuple. Ils recrutent l'armée et commandent les opérations militaires.

Censeurs : Ils ont pour mission d'effectuer le recensement des citoyens, de dresser l'état des fortunes et de répartir les électeurs sur les listes des tribus et des centuries. Ils procèdent aussi au recrutement des sénateurs dont ils tiennent à jour la liste (*album*). Ils surveillent les dépenses de l'État et ont en charge les mœurs publiques et privées. Ils peuvent ainsi distribuer des blâmes pouvant provoquer l'exclusion du Sénat ou de l'ordre équestre.

Préteurs : Ils ont un rôle judiciaire, organisant les procès et protégeant les étrangers (préteur pérégrin), présidant les tribunaux… Ils peuvent aussi commander une armée, convoquer le Sénat, les *comices*, proposer des lois et gouverner une province (propréteurs).

Édiles : Ils s'occupent principalement de surveiller les marchés et de veiller à l'approvisionnement en blé (l'annone) ; ils ont une mission de police de la ville, ils organisent les jeux publics, et surveillent les archives.

Questeurs : Ils ont un rôle de trésorier : ils gardent le trésor, encaissent les impôts, vérifient les comptes… Ils assistent également les gouverneurs de province dans leur comptabilité.

Tribuns de la plèbe : Ils défendent les intérêts des plébéiens. Ils ne peuvent quitter Rome, sont inviolables et jouissent du droit d'intercession, sauf à l'égard des décisions des censeurs. Ils peuvent faire arrêter et mettre en prison tous les magistrats, sauf le dictateur. Ils convoquent et président les assemblées du peuple et les *comices tributes*.

LES CONSULS ET LES CENSEURS
ROMAINS DE 142 À 120

N.B. : Le nom des magistrats appartenant aux classes patriciennes est en caractères romains. Celui des magistrats issus des classes plébéiennes est en italique. Nous avons souligné le nom des personnages ayant joué un rôle prépondérant dans la trajectoire politique des frères Gracques.

Année	Consuls	Censeurs
142	Quintus Fabius Maximus Servilianus	<u>Scipion Émilien</u>
	Lucius Caecilius Metellus Calvus	*Lucius Mummius Achaicus*
141	Cnaeus Servilius Caepio	
	Quintus Pompeius Rufus	
140	Quintus Servilius Caepio	
	Caius Laelius Sapiens	
139	*Cnaeus Calpurnius Piso*	
	Marcus Popillius Laenas	
138	<u>Scipion Nasica</u>	
	Decimus Junius Brutus Callaicus	
137	Marcus Aemilius Lepidus Porcina	
	<u>Caius Hostilius Mancinus</u>	
136	Lucius Furius Philus	<u>Appius Claudius Pulcher</u>

		Sextus Atilius Serranus	*Quintus Fulvius Nobilior*
	135	*Quintus Calpurnius Piso*	
		Servius Fulvius Flaccus	
	134	<u>Scipion Émilien</u>	
		Gaius Fulvius Flaccus	
	133	<u>Publius Mucius Scaevola</u>	
		Lucius Calpurnius Piso Frugi	
	132	*Publius Popillius Laenas*	
		Publius Rupilius	
	131	Lucius Valerius Flaccus	*Quintus Caecilius Metellus Macedonicus*
		Publius Licinius Crassus Dives Mucianus	*Quintus Pompeius Rufus*
	130	Lucius Cornelius Lentulus	
		Marcus Perperna	
	129	*Gaius Sempronius Tuditanus*	
		Manius Aquilius	
	128	*Titus Annius Rufus*	
		Gnaeus Octavius	
	127	Lucius Cornelius Cinna	
		Lucius Cassius Longinus Ravilla	
	126	Marcus Aemilius Lepidus	
		<u>*Lucius Aurelius Orestes*</u>	
	125	<u>*Marcus Fulvius Flaccus*</u>	Cnaeus Servilius Caepio

		Marcus Plautius Hypsaeus	*Lucius Cassius Longinus Ravilla*
124		*Caius Cassius Longinus*	
		Caius Sextius Calvinus	
123		Titus Quinctius Flaminius	
		Quintus Caecilius Metellus Baliaricus	
122		*Gnaeus Domitius Ahenobarbus*	
		<u>*Caius Fannius*</u>	
121		<u>Quintus Fabius Maximus Allobrogicus</u>	
		<u>Lucius Opimius</u>	
120		Caius Papirius Caarbo	*Quintus Caecilus Metellus Baliaricus*
		Publius Manilius	*Lucius Calpurnius Piso Frugi*

ARBRE GÉNÉALOGIQUE
DES SCIPIONS

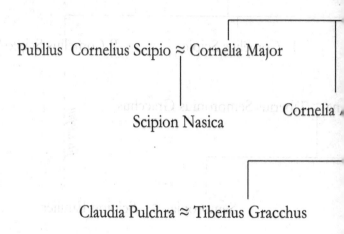

Publius Cornelius Scipio ≈ Cornelia Major

Scipion Nasica

Cornelia

Claudia Pulchra ≈ Tiberius Gracchus

Caius

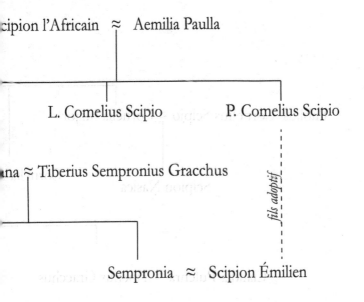

cipion l'Africain ≈ Aemilia Paulla

L. Comelius Scipio   P. Comelius Scipio

na ≈ Tiberius Sempronius Gracchus

fils adoptif

Sempronia ≈ Scipion Émilien

chus ≈ Licinia Crassa

BIOGRAPHIES DES AUTEURS

Appien (95-160). Né à Alexandrie, de nationalité grecque, il vient à Rome et obtient, par Hadrien, la citoyenneté romaine, ainsi que le statut de chevalier. D'abord avocat, il deviendra haut fonctionnaire, et procurateur du fisc sous Antonin. Il composa en grec plusieurs ouvrages, dont une *Histoire romaine* en 24 livres et *La Guerre de Mithridate*. Sa méthode est originale : plutôt que de s'en tenir à une composition strictement chronologique, il préfère tracer le tableau des différentes nations depuis leur premier contact avec Rome jusqu'à leur absorption dans l'Empire romain. Il est le seul historien dont on ait gardé le récit complet de tous les événements qui se sont déroulés à Rome, des Gracques jusqu'à Sylla. Appien a le mérite de discerner l'importance du contexte économique et social sur le cours de la vie politique.

Aulu-Gelle (vers 115- ?). Romain aisé du IIe siècle, esprit sagace et fureteur, ce polygraphe fut un écrivain empêtré dans la « glutineuse vase » de la calomnie, mais réussit à composer un copieux ouvrage en tissant un « habit d'Arlequin » avec les glanes de ses lectures nocturnes. Dans sa jeunesse, il effectua l'habituel voyage en Grèce, séjournant en particulier à Athènes, où il commença à suivre lectures et conférences en prenant des notes, qui, enrichies, formeront ensuite les vingt livres de ses *Nuits attiques*, c'est-à-dire studieuses. L'ouvrage se compose de chapitres d'inégale longueur, généralement très brefs, qui constituent un invraisemblable pêle-mêle, unique dans toute la littérature de l'Antiquité.

Aurelius Victor (vers 330-390). D'origine modeste, rurale et provinciale, cet historien romain – païen bien que visiblement sensible aux valeurs chrétiennes – commença par entrer au barreau avant d'entamer une carrière administrative couronnée par un poste de gouverneur de Pannonie seconde (361), auquel il fut nommé par l'empereur Julien. Dans l'historiographie de cette époque, il reste comme l'auteur d'un « bréviaire » composé en 360, c'est-à-dire avant son accession à de hautes responsabilités. Cet abrégé, le *Livre des Césars*, couvre quatre siècles d'histoire, divisés en périodes de longueur et de nature très inégales : d'Auguste à Néron, de Galba à Vitellius, de Vespasien à Domitien, de Nerva à Sévère Alexandre, de Maximin à Tacite, et de Carus à Constance.

Cicéron (106-43 av. J.-C.). L'existence du plus fameux des écrivains romains regorge de rebondissements, car cet avocat brillant fut de tous les combats, tant judiciaires que politiques ou philosophiques. Né à Arpinum, dans un municipe éloigné d'une centaine de kilomètres de Rome, Cicéron voit le jour dans une famille aisée de notables. Toutefois, comme Caton l'Ancien, qu'il admire, Cicéron est un « homme nouveau » (*homo nouus*) : il est le premier de sa lignée à parcourir la carrière des honneurs jusqu'à son degré le plus élevé, le consulat, qu'il exerce en 63. C'est lors de ce consulat qu'il dénonce, dans ses *Catilinaires*, une conspiration qui menaçait la République, en employant la formule fameuse « Ô temps, ô mœurs ! » (*O tempora, o mores*). À la suite des manœuvres de son ennemi juré, le tribun Clodius, il est exilé pendant un an (58-57), pour avoir fait mettre à mort Catilina sans jugement. Malgré le bon accueil qui lui est fait à son retour, son rôle politique ne cesse de décliner dans les années suivantes. Cicéron, l'un des plus fervents défenseurs du régime républicain, finit par rallier le camp de Pompée contre César, juste avant que ce dernier ne l'emporte définitivement. À la mort du dictateur, l'orateur prend le parti de son petit-neveu, Octave, le futur Auguste, pensant pouvoir influencer ce jeune homme de dix-neuf ans. Il le sert en rédigeant les *Philippiques*, dirigées contre Marc Antoine, lequel lui voue dès lors une haine inexpiable. Antoine réclame à Octave la mort de l'orateur dès leur première réconciliation. Abandonné par Octave, Cicéron est assassiné par des émissaires d'Antoine ; sa tête et ses mains seront clouées à la tribune du Forum. L'œuvre de Cicéron, qui est très étendue, comprend une riche correspondance, environ cent quarante discours judiciaires ou politiques et de multiples traités de rhétorique et de philosophie ; elle a joué un rôle déterminant dans la tradition culturelle de l'Occident jusqu'à nos jours.

Diodore de Sicile (Ier siècle av. J.-C.). Né à Agyrion en Sicile, Diodore voyagea beaucoup et vécut à Rome, sans doute sous César et Auguste. Grand érudit, il est l'auteur de la *Bibliothèque historique*, ensemble de quarante livres visant à relater l'histoire universelle, depuis les temps mythiques jusqu'à la Guerre des Gaules (54 av. J.-C.). Les livres I à V et XI à XXII, ainsi que des extraits et des résumés, ont été conservés. L'œuvre de Diodore est précieuse par son information, sa méthode et sa largeur de vue, qui embrasse la mythologie, le monde grec, Rome et les barbares.

Dion Cassius (155-235). Cassius Dio Cocceianus est né à Nicée en Bithynie. Il a fait une brillante carrière à Rome : sénateur sous le règne de Commode, préteur sous Pertinax et plusieurs fois consul suffect sous Septime Sévère. Sous Alexandre Sévère, il se voit confier le proconsulat d'Afrique et les légations de Dalmatie et Cilicie. Élu consul ordinaire, il quitte Rome pour s'installer définitivement en Bithynie où il disparaît vers 235. Tout en exerçant de hautes magistratures, Dion Cassius s'est consacré aux lettres. Il aurait écrit une biographie d'Arrien et un ouvrage sur les rêves. Mais son œuvre principale, composée de quatre-vingts livres, est une *Histoire romaine*. Il aurait employé dix ans de sa vie aux recherches qui allaient servir de base à cet ouvrage, puis dix nouvelles années pour le rédiger. Parti des origines de Rome, Dion achève son entreprise historique en 229, avec le règne d'Alexandre Sévère. Cette œuvre monumentale ne nous est pas parvenue en entier.

Eutrope (IVe siècle). D'Eutrope, on ne sait presque rien, sinon qu'il accompagna l'empereur Julien (361-363) lors de son expédition contre les Perses (363) et qu'il vécut également sous le règne de Valens (364-378), à qui il dédia son *Abrégé d'histoire romaine*. Cette œuvre se compose de dix livres et retrace l'histoire de Rome depuis la fondation de la ville jusqu'aux dernières années du IVe siècle.

Florus (70-140). De Florus, nous ne savons rien si ce n'est qu'il vécut sous Trajan, et qu'il entreprit, dans son *Histoire du peuple romain de Romulus à Auguste*, de faire l'éloge de Rome en comparant le développement de la Ville aux quatre âges de l'homme. Loin d'être un simple manuel, le texte, qui frappe par la précision et l'importance des indications géographiques, a une ambition morale : l'exposé des guerres civiles cherche à montrer la progression de ces conflits vers une corruption de plus en plus grande.

Pline l'Ancien (23-79). Polymathe, père de l'esprit encyclopédiste et surnommé à juste titre « le plus illustre apôtre de la science romaine », Pline l'Ancien sut allier le goût du savoir à celui du pouvoir. Sous le règne de l'empereur Vespasien, il exerça quatre procuratèles avant de commander, de 77 à 70, la flotte impériale de Misène. En même temps, il se consacra à des recherches tantôt érudites, tantôt généralistes, allant de l'étude des phénomènes célestes à la sculpture et à la peinture, en passant par l'agriculture et la philosophie. Sa curiosité et son insatiable désir de connaissance lui coûtèrent la vie : en 79 Pline périt dans les laves du Vésuve dont il s'était approché pour en observer l'éruption. Il aurait écrit plus de 500 volumes, dont seuls nous sont parvenus les 37 livres de l'*Histoire naturelle*, achevée et publiée en 77. Son neveu et fils adoptif, Pline le Jeune, nous apprend que Pline fut en outre historien (il aurait consacré 20 livres aux guerres de Germanie et 31 à l'histoire romaine), rhéteur et grammairien.

Plutarque (vers 45-125 ap. J.-C.). Né à Chéronée, en Béotie, Plutarque était issu d'une famille de notables. Il étudia à Athènes, fit des voyages et séjourna à Rome, avant de revenir dans sa patrie, où il se consacra à l'écriture, à sa famille et à ses amis ; il se rendait fréquemment à Delphes, où il exerçait des fonctions politiques et sacerdotales en relation avec le sanctuaire d'Apollon. Son œuvre est composée de deux massifs : les *Vies parallèles*, recueil de biographies de grands hommes de l'histoire, présentées presque toutes par paires, un Grec étant mis chaque fois en parallèle avec un Romain (les Gracques sont mis en parallèle avec Agis et Cléomène, rois de Sparte ayant cherché à augmenter les droits du peuple) ; les *Œuvres morales*, ensemble très varié de traités et de dialogues consacrés non seulement à des questions de philosophie morale (d'où le titre de l'ensemble), mais aussi à des sujets littéraires, politiques, scientifiques, religieux. En philosophie, l'auteur se rattachait à l'école de Platon (l'Académie), non sans inflexions et écarts doctrinaux. D'une érudition prodigieuse, l'œuvre de Plutarque est un trésor de connaissances, de faits et d'idées. Dès l'Antiquité, elle a exercé une influence considérable, et parmi les très nombreux esprits que Plutarque a marqués on relève Shakespeare, Montaigne ou encore Rousseau.

Polybe (200-118). Arcadien né à Mégalopolis, cité appartenant alors à la ligue achéenne, Polybe fut le plus grand historien grec de son temps. Militaire comme son père, Lycortas, plusieurs fois général au sein de cette ligue, il fut élu hipparque en 170 ou 169. À la victoire de Paul Émile à Pydna en 168, il fut désigné parmi les mille otages emmenés à Rome pour y être jugés. Le procès n'eut jamais lieu et Polybe s'attira la bienveillance de Scipion Émilien, si bien qu'il l'accompagna dans ses campagnes en Gaule et en Afrique et assista à la chute de Carthage en 146. Il meurt en 118, à la suite d'une chute de cheval. Dans ses *Histoires*, Polybe se fixe un but précis : expliquer comment Rome, en cinquante ans seulement, devient la maîtresse du monde (220-168). Bien qu'il explique les conquêtes de Rome, les unes après les autres, depuis la Première Guerre punique (264) jusqu'à l'année 146 av. J.-C., comme le résultat de son impressionnante puissance militaire, il désigne plutôt les institutions comme les causes indiscutables de son ascension. Polybe élimine tout ce qui est superflu ou peut sembler subjectif (comme les discours des personnages historiques, que l'on trouve traditionnellement dans ce genre d'ouvrages). L'auteur discute, critique même ses sources et se soucie avant tout de la vérité historique.

Salluste (vers 87-36). Né à Amiternum, en Sabine. Questeur en 55, il est élu en 52 tribun du peuple et s'en prend violemment à Cicéron. Exclu du Sénat pour immoralité en 50, il commandera une flotte césarienne en Illyrie et sera défait par les pompéiens. Réintégré par César au Sénat en 48, il sera proconsul en Afrique, où il fera une fortune scandaleuse. Retiré de la vie politique après l'assassinat de César en 44, il rédigera l'histoire de *La Conjuration de Catilina*, *La Guerre de Jugurtha*, et des *Histoires* dont il ne reste que quelques extraits. On a souvent souligné l'acuité et l'originalité de ses analyses. Comme Thucydide, il entend expliquer les événements politiques et éclairer les motivations des acteurs. Bien qu'ayant été un protagoniste engagé, il sait garder une certaine objectivité qui rend son témoignage particulièrement intéressant.

Sénèque (vers 1 av. J.-C. - 65 ap. J.-C.). Le « toréador de la vertu », selon le mot de Nietzsche, est né à Cordoue, en Espagne. Si le nom de Sénèque est, à juste titre, associé à la pensée stoïcienne, sa vie et son œuvre ne se résument pas à cela. La carrière politique du philosophe fut tout aussi brillante que sa carrière littéraire, même s'il connut des disgrâces, un exil et échappa à une première condamnation à mort sous Caligula. Précepteur de Néron, exerçant dans l'ombre une influence sur l'Empire, on lui attribue neuf tragédies, dont *Œdipe*, *Hercule furieux* et *Médée*, qui représentent les ravages des passions dénoncées dans ses traités philosophiques. Ces derniers, consacrés notamment à la tranquillité de l'âme, à la clémence, au bonheur ou à la constance, invitent au souci de soi et évoquent les avantages de la retraite : le sage ne veut pas occuper une responsabilité mesquine et disputée dans la cité, mais sa juste place dans l'ordre de l'univers. Cependant, Néron au pouvoir se méfie de son ancien maître et tente de le faire empoisonner. Retiré à Naples, par crainte de l'empereur, le penseur stoïcien mène une existence érudite et tranquille, et compose les *Lettres à Lucilius*. Sa fin est exemplaire : impliqué dans la conspiration de Pison, Sénèque se suicide, rejoignant dans la mort choisie plusieurs autres figures emblématiques du stoïcisme, dont Caton d'Utique, disparu au siècle précédent.

Tacite (55/57-116/120 apr. J.-C.). Le « plus grand
peintre de l'Antiquité », comme l'a appelé Racine, s'est
intéressé à la politique avant de se consacrer à l'histoire.
Servi par de brillants talents oratoires, son amitié avec
Pline le Jeune et un mariage avantageux, Tacite, né dans
une famille de rang équestre de la Gaule narbonnaise,
devint consul en 97 puis proconsul d'Asie en 112-114. Il
disparaît ensuite, comme son grand ami Pline le Jeune, et
meurt sans doute au début du règne d'Hadrien. Sa carrière
d'écrivain commence par un essai consacré à la rhétorique,
le *Dialogue des orateurs*, où il s'interroge sur les causes de
la décadence de l'art oratoire et sur ses raisons d'être sous
le régime impérial où l'empereur détenait la plupart des
pouvoirs. Suivent deux brèves monographies, une apologie
de son beau-père, Agricola, et un essai ethnographique sur
la Germanie. C'est ensuite que Tacite écrit ses deux chefs-
d'œuvre, les *Histoires*, qui retracent les destinées de Rome
du règne de Galba (3 av. J.-C. - 69 apr. J.-C.) au règne de
Domitien (51-96), et les *Annales*, qui remontent plus loin
dans le passé, de Tibère (42 av. J.-C. - 37 apr. J.-C.) à Néron
(37-68). S'appuyant sur une documentation de première
main et visant à l'impartialité, Tacite cherche à pénétrer le
secret des âmes pour mieux mettre en lumière les ressorts
de l'histoire et recréer l'atmosphère de ces moments qu'il
présente sous un jour généralement sombre et pessimiste.
Loin d'être un catalogue d'*exempla*, les œuvres de Tacite
montrent les vertueux toujours punis et les innocents
persécutés. Toujours à l'affût de la « scène à faire », il est
célèbre, comme Tite-Live, pour les discours qu'il recrée. Il
ne dédaigne pas de tirer des leçons de morale, dans un style
personnel, cultivant les raccourcis et les dissymétries, les
formules condensées et expressives. Son style est l'incar-
nation de la *breuitas*, la « brièveté », que certains présen-
tent comme une vertu du discours, et son nom, « Tacite »,
semble présager son style.

Tite-Live (vers 60 av. J.-C. - 17 ap. J.-C.). Né à Padoue dans une famille de notables, Tite-Live consacra sa vie à l'étude et à la recherche. À en croire Sénèque, il aurait commencé par écrire des traités de philosophie ainsi que des dialogues qui tenaient autant de la philosophie que de l'histoire. Mais la grande œuvre de sa vie fut son *Ab Urbe condita libri* en 142 livres, où son ambition était de rendre compte de toute l'histoire romaine, à commencer par le débarquement d'Énée sur les rivages de l'Italie. Les coups de ciseaux de la Parque l'arrêtèrent sur la disparition de Drusus, le frère cadet de Tibère, en 9 av. J.-C., quand il aurait pu envisager un 150e livre qui l'aurait conduit jusqu'à la mort d'Auguste. Dans son travail d'historien, Tite-Live se fie à l'intuition autant qu'il s'en remet aux compilations d'anciens chroniqueurs (Valerius Antias, Fabius Pictor, Cœlius Antipater). Mais il se défend mal d'un nationalisme impénitent doublé d'une condescendance dont les Carthaginois, entre autres, font les frais. Fidèle à l'historiographie classique de son temps, il aime à émailler ses belles narrations de discours inauthentiques et néanmoins éloquents, faits pour donner plus de sens à l'événement. Malgré ses leçons de vertu, sa postérité, de Velleius Paterculus et Lucain, de Plutarque à Dion Cassius, et de Dante à Machiavel, rend hommage à la richesse de ses récits.

Valère Maxime (ier siècle apr. J.-C.). Historien de la cour de Tibère, Valère Maxime a servi en Asie avant de retourner à Rome. Il nous est connu pour ses *Faits et dits mémorables*, un recueil d'anecdotes qui ne fait pas toujours preuve d'un grand sens critique mais qui reste néanmoins un livre précieux pour un certain nombre de renseignements sur la société romaine.

Velleius Paterculus (20 av. J.-C. - 31 apr. J.-C.). Issu d'une famille de notables originaire de Capoue, Velleius devait faire toute sa carrière sous la protection d'un dénommé Vinicius, auquel son *Histoire romaine* est dédiée, et dans la proximité des empereurs, qu'il prit la liberté de flatter pour mieux vivre aux dépens de ceux qui l'écoutaient. En l'an 1 avant J.-C., il fut tribun militaire en Thrace et en Macédoine, accompagnant le petit-fils d'Auguste auprès du roi des Parthes. Après avoir assumé diverses fonctions, dont celle de légat, dans les armées de Tibère, il prit part en octobre 12 au triomphe du prince-héritier. Auguste mort, il sera élu préteur : ne pouvant désormais prétendre à de plus hautes fonctions, il se voua à la littérature. C'est en courtisan qu'il raconte, dans son *Histoire romaine*, les campagnes de Tibère, exposant au passage sa vision de l'histoire et de la mission civilisatrice de Rome dans une fresque inspirée tantôt de Cornelius Nepos et d'Atticus, tantôt de Tite-Live, de Salluste et de Cicéron.

BIBLIOGRAPHIE

Les traductions des auteurs anciens cités sont extraites d'ouvrages publiés aux Éditions Les Belles Lettres, excepté le livre 9 des *Faits et dits mémorables* de Valère Maxime traduit par Pierre Constant, le livre 36 des *Histoires* de Polybe traduit par Félix Bouchot, les fragments de l'*Histoire romaine* de Dion Cassius traduits par Étienne Gros et les livres 33, 34 et 35 de la *Bibliothèque historique* de Diodore de Sicile traduits par Ferdinand Hoefer. Toutes ces traductions ont été revues et remaniées par Christopher Bouix.

APPIEN, *Guerres civiles, Livre 1*, texte établi et traduit par P. Goukowsky, annoté par F. Hinard, Paris, « Collection des Universités de France » (CUF), (1993) 2008.

AULU-GELLE, *Les Nuits attiques*, t. I, *Livres 1-4*, texte établi et traduit par R. Marache, Paris, CUF, (1967) 2002.

—, *Les Nuits attiques*, t. III, *Livres 11-15*, texte établi et traduit par R. Marache, Paris, CUF, (1989) 2002.

CICÉRON, *Brutus*, texte établi et traduit par J. Martha, Paris, CUF, (1923) 2002.

—, *Discours*, t. II, texte établi et traduit par H. de La Ville de Mirmont, Paris, CUF, (1922) 1984.

—, *Discours*, t. XIII, 2ᵉ partie, *Sur la réponse des haruspices*, Paris, CUF, (1966) 2002.

—, *Discours*, t. XIV, *Pour Sestius*, texte établi et traduit par J. Cousin, Paris, CUF, (1995) 2002.

—, *Discours*, t. XX, *Philippiques, 5-14*, texte établi et traduit par P. Wuilleumier, Paris, CUF, (1960) 2002.

—, *Tusculanes*, t. II, *Livres 3-5*, texte établi par G. Fohlen et traduit par J. Humbert, Paris, CUF, (1931) 2011.

EUTROPE, *Abrégé d'histoire romaine*, texte établi et traduit par J. Hellegouarc'h, Paris, CUF, 1999.

FLORUS, *Œuvres*, t. I, *Tableau de l'histoire du peuple romain, Livre 1*, texte établi et traduit par P. Jal, Paris, CUF, (1967) 2002.

—, *Œuvres*, t. II, *Tableau de l'histoire du peuple romain, Livre 2*, texte établi et traduit par P. Jal, Paris, CUF, (1967) 2002.

PLINE L'ANCIEN, *Histoire naturelle, Livre 7*, texte établi et traduit par R. Schilling, Paris, CUF, (1977) 2003.

—, *Histoire naturelle, Livre 33*, texte établi et traduit par H. Zehnacker, CUF, (1983) 1999.

PLUTARQUE, *Vies*, t. IV, *Timoléon – Paul-Émile. Pélopidas – Marcellus*, texte établi et traduit par R. Flacelière et É. Chambry, Paris, CUF, (1966) 2003.

—, *Vies*, t. XI, *Agis et Cléomène – Les Gracques*, texte établi et traduit par R. Flacelière et É. Chambry, Paris, CUF, (1976) 2003.

RHÉTORIQUE À HERENNIUS, texte établi et traduit par G. Achard, Paris, CUF, (1989) 2003.

SALLUSTE, *La Guerre de Jugurtha*, texte établi et traduit par A. Ernout, Paris, coll. « Classiques en poche », 2000.

SÉNÈQUE, *Dialogues*, t. III, *Consolations*, texte établi et traduit par R. Waltz, Paris, CUF, (1923) 2003.

TACITE, *Dialogue des orateurs*, texte établi par H. Goelzer et traduit par H. Bornecque, Paris, CUF, (1936) 2003.

Tite-Live, *Abrégé des livres de l'Histoire romaine*, t. XXXIV, 1re partie, *Periochae 1-69*, texte établi et traduit par P. Jal, Paris, CUF, (1984) 2003.

Valère Maxime, *Faits et dits mémorables*, t. I, *Livres 1-3*, texte établi et traduit par R. Combès, Paris, CUF, 1995.

—, *Faits et dits mémorables*, t. II, *Livres 4-6*, texte établi et traduit par R. Combès, Paris, CUF, 1997.

Velleius Paterculus, *Histoire romaine*, t. I, *Livre 1*, texte établi et traduit par J. Hellegouarc'h, Paris, CUF, (1982) 2003.

—, *Histoire romaine*, t. II, *Livre 2*, texte établi et traduit par J. Hellegouarc'h, Paris, CUF, (1982) 2003.

POUR ALLER PLUS LOIN

BOREN Henry, *The Gracchi*, New York, Twayne, 1968.

BRUNT Peter Astbury, *Italian Manpower*, Oxford, Clarendon Press, 1971.

CARCOPINO Jérôme, *Autour des Gracques*, Paris, Les Belles Lettres, 1928.

KORNEMANN Ernst, *Zur Geschichte der Gracchenzeit : Quellen-kritische und Chronologische*, Aalen, Scientia, 1963.

NICOLET Claude, *Les Gracques : crise agraire et révolution à Rome*, Paris, Julliard, 1967.

—, *Le Métier de citoyen dans la Rome républicaine*, Paris, Gallimard, 1976.

—, *Rome et la conquête du monde méditerranéen*, t. I, Paris, PUF, 1977.

STOCKTON David, *The Gracchi*, Oxford, Clarendon Press, 1979.

WOLF Günther, *Historische Untersuchungen zu den Gesetzen des Caius Gracchus*, Munich, Ludwig-Maximilians-Universität, 1972.

TABLE DES MATIÈRES

Ce volume,
le treizième
de la collection
La véritable histoire de,
publié aux Éditions Les Belles Lettres,
a été achevé d'imprimer
en février 2012
sur les presses
de la Nouvelle Imprimerie Lahallery
58500 Clamecy, France

Dépôt légal : mars 2012
Imprimé en France